LA COCINA DE MARTÍN BERASATEGUI

LA COCINA DE MARTÍN BERASATEGUI

100 recetas
para compartir en familia

Grijalbo

Fotografías del interior: Gourmandia Gastronomía, S. L.
Fotografía de cubierta: José López de Zubiría
Diseño: Penguin Random House Grupo Editorial/ Meritxell Mateu

ISBN: 978-84-17338-58-9
Depósito legal: B-22.973-2018

Impreso en Gráficas 94, S. L.
Sant Quirze del Vallès (Barcelona)

DO 38589

Penguin
Random House
Grupo Editorial

ÍNDICE

TRANSPORTISTA DE FELICIDAD

Cada vez que visito una escuela de cocina o charlo con jóvenes chefs, les hablo de la necesidad de respetar lo que a todos nos vino dado, es decir, esa herencia gastronómica y cultural de cada una de nuestras casas, en las que mujeres aplicadas pelearon contra viento y marea por darnos de comer excelentemente.

Me gusta ilusionarlos y abrirles el horizonte para que no piensen que la cocina se limita a la más alta vanguardia que algunos pocos ejercemos, poniéndoles ejemplos de diferentes especializaciones y de lo que esperamos de ellos, que no es otra cosa que puedan jugar cada uno en su liga y con las mejores cartas, procurando perseguir la excelencia para que sean felices.

Entiendo que no todos nacen para ejercer la alta cocina, ni para ser expertos parrilleros o para hacer pastelería de vitrina, pero es importante que cada uno busque su espacio con disciplina, esfuerzo y atendiendo a los rigores del día a día, que es precisamente lo que hicieron mi madre y mi tía. Ellas me aleccionaron para que se me quedara grabado a fuego en la memoria que la buena cocina comienza por un producto excepcional. Si empezamos por ahí, comeremos bien y estaremos contentos.

Y eso es precisamente lo que todos hacemos en el fogón de casa, llevar lo mejor para compartirlo con salud y apetito, gozando de cada bocado. Doy gracias a Dios por seguir siendo un cocinero «disfrutón», pues termino el servicio de mi restaurante con tres estrellas Michelin un domingo por la tarde y estoy impaciente por llegar a casa para meterme a preparar la cena, guisando para los míos. Los más cercanos alucinan en colorines, pero es verdad que nada me gusta más que ser un transportista de felicidad para ellos. Cocinar me da la vida.

Estas cien recetas que he recopilado son fórmulas que he puesto en práctica en casa con muy buenos resultados. Os aseguro que he intentado ser claro, conciso y muy práctico para que no perdáis un minuto en la cocina, porque con las cosas del comer no se juega. Ojalá os hagan tan felices como a mí, comáis cada vez más rico, estéis mejor y la sonrisa os ilumine. Nada me gustaría más. ¡Garrote!

Martín Berasategui

No todos tenemos la suerte de cultivar o de proveernos directamente de nuestras propias verduras. Este es un privilegio reservado a unos pocos. El resto de los mortales tenemos que conformarnos con pasear entre los puestos del mercado, buscando y seleccionando aquellos ingredientes que servirán para preparar nuestras ensaladas o dar forma a nuestros pinchos más tradicionales. Siempre destaco la importancia de los equipos que me rodean, y los proveedores son una parte fundamental que me facilita la labor allá donde cocino, pues se encargan de seleccionar para mí la mejor cesta de la compra.

ENSALADAS
Y APERITIVOS

APERITIVO
DE AGUACATE

350 g de aguacate maduro
20 ml de zumo de limón
1 guindilla fresca
**1 cucharada de pimiento
rojo picado**
**1 cucharada de cebolla
morada picada**
sal y pimienta

Además
**patatas fritas chips de
bolsa**

Picar la guindilla fresca, el pimiento y la cebolla morada, todo bien fino sobre la tabla y con un cuchillo bien afilado.

En un procesador o vaso de una batidora, triturar el aguacate junto con la guindilla picada y el zumo de limón hasta que quede una crema bien untuosa.

Añadir la cebolla y el pimiento picados, poner a punto de sal y pimienta.

Colocar la crema de aguacate en un bol bien profundo y rodearlo de patatas fritas.

Listo.

APERITIVO DE ALMENDRAS Y CURRY

250 g de almendras tiernas repeladas
4 dátiles secos
4 albaricoques secos
3 cucharaditas de pasta de sésamo
1 diente de ajo
2 limones
2 cucharadas soperas de aceite de oliva virgen extra
150 g de queso tipo Philadelphia
2 cucharadas de semillas de sésamo
una pizca de curry molido
verduras crudas (cebolletas, calabacines, zanahorias, pimientos, etc.)
sal y pimienta

Unas horas antes, remojar en agua las almendras, los dátiles y los albaricoques.

Luego, partir en dados los dátiles y los albaricoques.

Escurrir las almendras y meterlas en el vaso americano con la pasta de sésamo, el ajo, el zumo de limón, el aceite de oliva y triturarlo hasta obtener una crema.

Una vez hecho el puré, añadir el queso y rectificar la sazón, mezclando enérgicamente.

Refrescar en la nevera.

Colocar la crema en un cuenco y añadir los dátiles y los albaricoques en dados, las semillas de sésamo, el curry y el aceite de oliva, mezclar para obtener una crema parecida a un hummus.

Listo.

Colocar alrededor del cuenco todo tipo de verduras crudas en bastones + galletas tipo cracker + picos + flautas de pan.

APERITIVO DE QUESO

250 g de queso tipo gruyer rallado

4 yemas de huevo

1 cucharada de tocineta picada en dados pequeños

tostas de pan

cabeza de jabalí en lonchas

Precalentar el horno entre 180 °C y 200 °C

Mezclar en un bol las yemas de huevo, el queso gruyer rallado y los dados de tocineta, dejando enfriar la mezcla un buen rato en la nevera.

Una vez fría, formar pequeñas bolas y un momento antes de servir el aperitivo, colocar una bola de queso sobre una pequeña tostada de pan.

Una vez todas las tostas cubiertas con el queso, meterlas en el horno unos 5 minutos, hasta que se doren ligeramente.

Al salir del horno, servirlas cubiertas con una loncha de cabeza de jabalí.

Listo.

BUÑUELOS DE JAMÓN Y QUESO

100 g de mantequilla
250 ml de agua
un pellizco de sal
un pellizco de azúcar
200 g de harina
6 huevos
200 g de queso tipo comté
   rallado
150 g de jamón serrano
   muy picado
aceite de oliva

Poner aceite de oliva a calentar para freír los buñuelos.

Fundir la mantequilla en una olla con el agua, la sal y el azúcar.

Cuando hierva, añadir la harina de un golpe y mezclar con una cuchara de palo hasta que la masa se separe del fondo y forme una bola compacta.

Entonces, fuera del fuego añadir los huevos batidos de uno en uno, mezclando bien antes de añadir el siguiente, hasta obtener una masa homogénea.

Por último, incorporar el queso rallado y el jamón muy picado.

Con ayuda de dos pequeñas cucharas, coger pequeñas porciones de masa de buñuelos y sumergirlas en el aceite caliente, dorándolas bien.

Probar los primeros buñuelos para rectificar la sazón de la masa y, si hiciera falta, añadir un poco de sal y de pimienta antes de proseguir con la fritura.

Escurrir los buñuelos sobre un papel absorbente.

Listo.

BUÑUELOS
DE MORCILLA

2 morcillas de cebolla
150 g de harina de tempura
200 ml de agua
aceite de oliva

Hervir el agua en una olla.

Apagar el fuego e introducir en el agua las morcillas sin pinchar durante 40 minutos.

Entonces, escurrirlas, retirarles la piel para que quede solo la carne. Poner la carne de las morcillas en un bol y enfriarla.

Colocar la harina de tempura en un bol, añadir agua y mezclar con el batidor de varillas.

Hacer bolitas pequeñas de morcilla y sumergirlas en la masa de tempura.

Freír los buñuelos de morcilla en abundante aceite de oliva y escurrirlos sobre papel absorbente conforme vayan dorándose.

Listo.

EMPANADA
DE VIEIRAS

Para la masa

450 ml de agua
500 g de harina de maíz
200 g de harina ecológica
   tipo T50
5 g de levadura fresca
1 g de sal

Para el relleno

8 cebolletas frescas
   picadas
4 dientes de ajo pelados
750 g de carne de vieiras
   troceadas
un pellizco de azafrán
1 chile fresco
1 yema de huevo

Hervir la mitad del agua y reservarla.

En el recipiente de la amasadora poner la harina de maíz y accionar la velocidad media con el gancho de amasar puesto.

Entonces, verter el agua hirviendo para escaldar la harina y trabajarla 2 minutos.

Añadir la harina ecológica, la levadura y la sal, mezclar y agregar lentamente el agua restante. Subir un poco la velocidad de amasado y trabajar la masa de pan durante 10 minutos aproximadamente.

A continuación, parar la máquina y dejar reposar la masa en el propio recipiente durante 15 minutos.

Accionar de nuevo a la velocidad anterior y amasarla otros 10 minutos más.

Finalmente, ponerla sobre la encimera, amasarla con las manos aplicando tensión, meterla en un bol engrasado bien cubierta con un paño durante 1 hora, y dejar reposar en un lugar cálido.

Podemos hacer todo el proceso a mano, pero con una amasadora el trabajo es más rápido y el resultado más fino.

EMPANADA
DE VIEIRAS

Para hacer el relleno, sofreír en una olla las cebolletas con los ajos machacados, el chile picado y las hebras de azafrán con una pizca de sal y un chorrito de aceite de oliva.

Rehogarlo sin dejar de remover durante 1 hora.

Salpimentar las vieiras y trocearlas en pedazos menudos con las manos.

En una sartén antiadherente con un chorrito de aceite, dorarlas un poco y escurrirlas en un colador.

Añadir el jugo que suelten al sofrito y dejar reducir lentamente.

Una vez el sofrito esté frío, mezclarlo con las vieiras salteadas, así no se recuecen.

Guardar el aceite sobrante del sofrito para pintar la empanada al meterla en el horno.

Encender el horno a 170 °C.

Partir la masa en 2 pedazos.

Estirar un pedazo con ayuda de un rodillo sobre la encimera y ponerlo sobre una bandeja o un molde desmontable.

Rellenar con la mezcla dejando una banda de 2 cm en los extremos de la masa sin cubrir.

Pintar todo el contorno con yema de huevo y cubrir con el otro trozo de masa estirada también con el rodillo.

Pinzar los extremos y pintar la superficie con el aceite sobrante del sofrito.

Con ayuda de una cuchilla hacer unas marcas longitudinales en la empanada.

Hornear unos 45 o 50 minutos.

En cuanto salga del horno, pintarla de nuevo con el aceite sobrante del sofrito para que brille y absorba más sabor aún.

Dejarla enfriar a temperatura ambiente.

Listo.

ENSALADA DE BOGAVANTE Y HONGOS

1 bogavante de 1,5 kg

Para la crema de hinojo
500 g de bulbo de hinojo
100 g de cebolleta
200 ml de caldo de carne
100 ml de nata líquida
70 g de mantequilla
2 cucharadas de aceite de oliva virgen extra

Para la vinagreta agridulce
35 g de miel
1 cucharada de vinagre de Jerez
una pizca de nuez moscada
1 cucharadita de jengibre fresco rallado
1 cucharadita de romero picado
75 g de aceite de oliva virgen extra
sal y pimienta

Para los hongos
hongos frescos
aceite de oliva virgen extra
sal

Además
brotes de canónigos
hojas de perifollo

ENSALADA DE BOGAVANTE Y HONGOS

Cocer el bogavante en abundante agua salada (40 g por litro de agua) durante 12 minutos.

Pasado el tiempo de cocción, refrescarlo rápidamente en agua con hielo, pelarlo y trocearlo cuidadosamente.

Para la crema de hinojo

Sofreír la cebolleta en una cazuela junto con la mantequilla durante 5 minutos.

Añadir el hinojo picado y seguir rehogando otros 5 minutos.

Entonces, mojar con el caldo y cocer a fuego suave de 15 a 20 minutos.

Añadir la nata y cocer otros 10 minutos más.

Pasado el tiempo de cocción, triturar y pasar por un colador fino.

Rectificar la sazón.

Para la vinagreta agridulce

Mezclar en un bol el vinagre y la sal, añadir la miel, el jengibre rallado, la nuez moscada, la pimienta recién molida, mezclar bien y añadir el aceite de oliva emulsionando con la ayuda de unas varillas.

Por último agregar el romero picado, poner a punto de sal y listo.

Laminar finamente los hongos crudos y limpios con la ayuda de una mandolina.

Colocarlos sobre un plato y aliñarlos con una pizca de sal y aceite.

En el plato escogido, colocar una base de crema de hinojo, y sobre ella, el bogavante troceado.

Esparcir los hongos aliñados, los brotes de canónigos y las hojas de perifollo.

Aliñarlo todo con la vinagreta agridulce generosamente.

Listo.

ENSALADA DE ESPINACAS CON VINAGRETA DE OSTRAS

Para la vinagreta de ostras

**1 cucharada de zumo
de limón**
3 ostras
30 g de jugo de ostras
80 g de aceite de oliva
sal y pimienta

Además

**dos puñados de brotes
de espinacas**
4 huevos

Abrir las ostras, reservar el jugo y colarlo.

Enjuagar las ostras con agua fría.

En un vaso americano o en un vaso de túrmix, poner el zumo de limón, el jugo de ostras, las ostras, sal y pimienta.

Triturarlo todo junto e ir añadiendo el aceite de oliva poco a poco para que vaya emulsionando.

Una vez montada la vinagreta, rectificar de sal y pimienta y reservar.

En una cazuela pequeña, verter agua y calentarla a unos 65 °C, si no tenemos termómetro para comprobar la temperatura, sumergimos el dedo y aguantamos unos 5 segundos sin llegar a quemarnos.

Agregar los huevos con cuidado de no romperlos y cocerlos durante 25 minutos, intentando mantener la temperatura del agua.

Pasado el tiempo, retirar los huevos del agua, cascarlos con cuidado y colocarlos tibios sobre los brotes de espinacas que hemos lavado y escurrido previamente. Aliñar la ensalada con la vinagreta de ostras.

Listo.

ENSALADA DE PATATA

1 kg de patatas
1 taza de caldo de carne
1 cebolla
1 cucharada de mostaza
    a la antigua
2 cucharadas de vinagre
    de sidra
3 cucharadas de aceite
    de oliva virgen extra
un ramillete de cebollino
pimienta

Cocer en agua con sal las patatas con la piel, a fuego suave durante 25 minutos.

Picar la cebolla finamente.

Calentar el caldo en un cazo y salpimentarlo generosamente, añadiendo la cebolla, la mostaza y el vinagre, y mezclar.

Pasado el tiempo de cocción, escurrir las patatas y dejarlas dentro de la olla con la tapa puesta para poder pelarlas con facilidad.

Entonces, pelarlas y cortarlas en rodajas finas de unos 2 mm de grosor.

No hace falta que sean rodajas redondas ya que se suelen romper un poco, es más importante que no sean muy gordas.

Añadir el caldo caliente sobre las patatas.

Es importante que la patata no se enfríe del todo, solo así absorbe bien el caldo.

Mezclar sin aplastar las patatas y dejar reposar hasta que estén templadas.

Picar el cebollino y añadirlo junto al aceite de oliva y la pimienta.

Servir la ensalada a temperatura ambiente.

Listo.

ENSALADA DE TOMATE BATIDA

dos puñados grandes de
    albahaca fresca
2 cucharadas de piñones
    tostados
un buen chorro de aceite
    de oliva virgen extra
una punta de ajo
un buen chorro de vinagre
    de Jerez
un chorrito de agua

Además
3 chalotas peladas
distintas variedades de
    tomate fresco (cereza,
    corazón de buey,
    amarillos, de pera)
una cuña de queso curado
    de oveja
albahaca fresca

Si es posible, poner el vaso de la batidora un rato en el congelador.

Sacarlo, poner los ingredientes en el vaso y triturarlos, rectificando la sazón.

Extender la salsa en el fondo de una fuente amplia en la que serviremos la ensalada.

Cortar las chalotas en tiras finas.

Cortar los tomates en gajos y colocarlos sobre la salsa de la bandeja recién hecha.

Sacar lascas del queso con un pelador, esparcirlas por encima, añadir algunas hojas de albahaca fresca y salpimentar.

Por último, repartir las chalotas cortadas en tiras y rociar con un hilo de aceite de oliva.

Listo.

ESPÁRRAGOS CON SALSA DE PIÑONES

12 espárragos blancos navarros gruesos en conserva

Para la salsa
1 diente de ajo
2 anchoas en salazón
1 huevo duro
2 cucharadas de piñones
1 cucharada de alcaparras
1 rebanada de pan tipo biscote
aceite de oliva
1 limón
un ramillete de perejil

En un mortero majar el ajo.

Añadir las anchoas, el huevo, los piñones, las alcaparras y el pan.

Seguir majando hasta obtener una pasta con tropezones, añadir en hilo el aceite de oliva poco a poco.

Al final rallar la cáscara de limón y añadir su zumo.

Incorporar el perejil cortado con tijeras y salpimentar la salsa majada.

Acompañar con esta salsa unos buenos espárragos en conserva, de calibre bien grueso.

Listo.

MEJILLONES
EN ESCABECHE

2 cebollas rojas
1 hoja de laurel
1 cucharada de granos
  de pimienta negra
6 dientes de ajo
1 chile picante
2 kg de mejillones frescos
100 ml de vino blanco
6 cucharadas de salsa
  de tomate
1 cucharada de pimentón
  picante
150 ml de vinagre de sidra
150 ml de aceite de oliva
  virgen

En una olla, sofreír las cebollas cortadas en tiras, el laurel, la pimienta, los ajos machacados y el chile.

Entonces, tapar la olla, incorporar los mejillones bien lavados y el vino blanco, y dejar que se abran.

Justo en el momento en que empiecen a abrirse, retirarlos y dejar que se templen para no quemarnos al manipularlos, teniendo cuidado que no se cuezan demasiado.

Reducir a fuego suave el jugo de la cazuela mezclado con la verdura y, mientras, sacar los cuerpos de los mejillones, eliminando las cáscaras.

Una vez reducido el jugo, añadirle el tomate, el pimentón, el vinagre de sidra, el aceite de oliva y hervir durante 5 minutos más, dejando templar el escabeche.

Sumergir los mejillones escurridos en el escabeche recién hecho y dejarlos reposar unas 24 horas, bien cubiertos.

Listos.

Servirlos con patatas pequeñas con piel cocidas en agua.

PINCHO
DE ANCHOAS

1 cebolleta picada
1 diente de ajo
un chorrito de aceite
de oliva virgen
un chorrito de vinagre
de sidra
perejil picado
4 rebanadas anchas de
mollete tostado
2 tomates de colgar
8 anchoas en salazón
8 boquerones en vinagre
salsa mayonesa
4 huevos de codorniz
cocidos

Lavar con agua la cebolleta a través de un colador, escurrirla en un trapo y secarla bien para que quede suelta y pierda ese sabor a crudo tan desagradable.

Mezclar la cebolleta con el ajo bien machacado o picado, el aceite de oliva, el vinagre y el perejil.

Entonces, untar con el tomate las 4 rebanadas de mollete.

Colocar sobre cada rebanada de pan dos anchoas y dos boquerones, alternando.

Rociar con la vinagreta toda la superficie.

En cada extremo del pan, colocar dos puntos de salsa mayonesa.

Sobre cada punto de mayonesa, disponer medio huevo de codorniz cocido.

Listo.

PINCHO DE SARDINA AHUMADA

6 pimientos del piquillo
1 diente de ajo
un ramillete de perejil
1 cucharada de tomate concentrado
4 rebanadas de pan tostadas
4 cucharadas de salsa de olivas
4 lomos de sardina ahumada
1 trozo de queso Idiazábal

Con ayuda de un cuchillo y sobre la tabla, cortar los pimientos en tiras muy finas.

Aliñarlas con el ajo y el perejil bien picados, una pizca de aceite de oliva y el tomate concentrado, sazonando generosamente con pimenta.

Untar las 4 rebanadas de pan con la salsa de olivas.

Colocar encima los pimientos aliñados.

Sobre cada rebanada de pan, repartir las sardinas cortadas en dos o tres pedazos, para poder morder el pincho con más facilidad sin que se desmonte.

Colocar unas lascas de queso obtenidas con un pelador.

Listo.

La salsa de olivas o tapenade podemos comprarla envasada en el mercado, las hay de muy buena calidad.

PINCHO DE TOMATE, MOZZARELLA Y ANCHOAS

4 rebanadas de pan tostado
1 diente de ajo
2 tomates medianos rallados
1 chalota picada
un ramillete de perejil
1 mozzarella
12 anchoas en salazón
orégano fresco

Refregar el ajo partido en dos sobre las rebanadas de pan tostado.

Colar el tomate a través de un colador de malla para escurrir el agua y quedarnos solo con la parte seca de la pulpa.

Aliñar esa pulpa de tomate con la chalota, el perejil cortado toscamente con tijeras y el aceite de oliva.

Colocar el tomate bien aliñado sobre las rebanadas de pan refregadas.

Cubrir con la mozzarella partida en bocados, desgajada con las manos y repartir de manera estética las anchoas en salazón.

Espolvorear con las hojas de orégano fresco.

Listo.

PINCHO–PIZZA «ELEGANTE»

1 pan tipo pita abierto en dos

2 pimientos del piquillo en tiras finas

2 tomates confitados picados

1 cucharada de tomate concentrado

2 cucharadas de salsa de tomate

1 tomate en rodajas muy finas

6 huevos de codorniz cocidos

1 conserva de ventresca

6 filetes de anchoa en salazón

un ramillete de albahaca

6 rabanitos frescos

1 cebolleta en tiras muy finas

Tostar el pan de pita en una tostadora.

Mezclar el pimiento en tiras con el tomate concentrado y la salsa de tomate, salpimentando generosamente.

Entonces, extender la salsa sobre los medios panes de pita, como si fuera la base de una pizza tradicional.

Sobre esa base tan sabrosa, colocar el tomate confitado y las rodajas de tomate, bien repartidas cubriendo toda la superficie.

Para rematar, acomodar encima las mitades de los huevos de codorniz, las lascas de ventresca, las anchoas, las hojas de albahaca y los rabanitos, que habremos laminado muy finamente con ayuda de una mandolina.

Por último, esparcir la cebolleta cortada en tiras muy finas.

Rociar con un hilo de aceite de oliva virgen extra.

Listo.

SALPICÓN
DE MARISCOS

1 pimiento rojo crudo,
   pelado y picado
1 cebolleta
1 bogavante de 800 g
   cocido y pelado
los corales del bogavante
4 huevos cocidos picados
500 ml de salsa mayonesa
vinagre de sidra
300 g de langostinos
   cocidos y pelados
1 lata de patas de cangrejo
   ruso desmigado
cebollino picado
salsa picante

Picar la cebolleta sobre la tabla con un cuchillo bien afilado y lavar el pimiento y la cebolleta picados a través de un colador bajo el agua del grifo.

Escurrirlos bien y secarlos con un trapo.

Reunir en un bol los corales del bogavante, los huevos, una pizca de mayonesa y un chorrito de vinagre.

Añadir el pimiento, la cebolleta, los langostinos y el cangrejo, remover bien.

Sobre la tabla trinchar con un cuchillo el bogavante y guardar los pedazos más nobles.

Añadir las puntas picadas de bogavante al salpicón recién hecho, añadir el cebollino picado y remover.

Rectificar el aliño, añadir un chorrito de salsa picante y enfriarlo en la nevera.

Cuando lo vayamos a servir, colocar el salpicón en copas y coronar con los medallones de bogavante más bonitos.

Espolvorear con más cebollino y servir la mayonesa en una salsera aparte.

Listo.

TARTAR
DE VERDEL

200 g de verdel fresco
5 g de perejil picado
10 g de cebolleta picada
10 g de alcaparras
1 yema de huevo
25 ml de aceite oliva virgen
  extra
10 g de pepinillo picado
20 ml de kétchup
1 cucharada de mostaza
unas gotas de tabasco
sal y pimienta
un pellizco de pimentón
  dulce
1 cucharada de salsa
  Worcestershire
10 hojas de apio en rama
cebollino

Además
rebanadas finas de pan
  tostado

Limpiar el verdel de espinas, zonas sanguinolentas y piel.

Podemos hacerlo con un cuchillo afilado sobre la tabla
o pedirle al pescadero que lo haga con cuidado.

Una vez hecho, picar el pescado en dados uniformes y
ponerlos en un bol, salpimentar generosamente y espolvorear
una pizca de pimentón.

Añadir sobre el pescado el perejil, el cebollino picado, la
cebolleta, las alcaparras picadas muy finas, el pepinillo y las
hojas de apio picadas también muy menudas. En otro bol,
poner la yema de huevo y la mostaza, añadiendo poco a
poco el aceite y batiendo con unas varillas hasta emulsionar
ligeramente la salsa.

Agregar sobre la salsa el kétchup, el tabasco y la salsa
Worcertershire.

Incorporar el verdel condimentado a la salsa y mezclar bien,
rectificando la sazón.

Listo.

*Al emplatarlo, podemos decorar el tartar con una yema
de huevo de codorniz, cebollino picado, unas patatas chips
y pan tostado que nos sirvan para comerlo con las manos.*

TERRINA DE FOIE GRAS FRÍA AL MICROONDAS

2 hígados crudos de pato cebado, a temperatura ambiente
sal y pimienta
2 cucharadas de brandy
2 cucharadas de vino oloroso
rebanadas de pan tostado

Separar los hígados en dos, un lóbulo grande por un lado y el pequeño por otro.

Sobre papel de cocina, quitar los nervios interiores de los hígados de pato con ayuda de una cuchara, poco a poco, intentando retirarlos con mucho cuidado.

Salpimentar los lóbulos de hígado y rociarlos con el brandy y el vino.

Apretarlos en el fondo de una terrina de porcelana, colocando un lóbulo grande en la base, los dos pequeños en medio y, para terminar, el otro grande encima.

Cubrir la terrina con papel film y pincharlo.

Meterla al microondas durante 3 minutos a 750 W.

Esperar unos minutos con la terrina aún dentro del microondas.

Volver a accionar el microondas 3 minutos más a 750 W.

Dejar reposar la terrina sobre la encimera y meterla en la nevera.

Cuando se vaya a servir, calentar el filo de un cuchillo con agua caliente, cortar una rebanada gruesa.

Espolvorear con sal y pimienta y servir la terrina con pan tostado.

Listo.

*Esta terrina se puede
conservar hasta 10 días
en la nevera.*

Pertenezco a una cultura culinaria en la que el plato hondo y la cuchara tienen una importancia capital. Además, me he criado en un ambiente profesional donde la olla de caldo hervía siempre en una esquina del fogón para construir todo tipo de guisos y salsas. Son muchos los que no se sienten capaces de confeccionar una buena sopa, por considerarlas complicadas y laboriosas, así que en este capítulo me propongo facilitar su elaboración para acercarlas a todos, porque una sopa es un verdadero pozo de felicidad.

SOPAS, CALDOS
Y CREMAS

CREMA CAPUCHINA DE CHAMPIÑÓN

1 kg de champiñones
125 g de mantequilla
500 ml de nata líquida
500 ml de leche
500 ml de caldo de carne
sal y pimienta

Quitar el tallo terroso de los champiñones con ayuda de un cuchillo bien afilado.

Pasarlos rápidamente bajo un chorro de agua fría para eliminar posibles restos de tierra que puedan quedar.

Secarlos y filetearlos sobre una tabla con la ayuda de un cuchillo afilado.

Ponerlos en una cazuela y sofreírlos cuidadosamente a fuego muy suave con la mantequilla y un pellizco de sal, sin que cojan color.

Pasados unos 20 minutos, añadir el caldo, la leche y la nata.

Cocer a fuego suave durante ½ hora.

Pasado este tiempo, triturar con la ayuda de un vaso americano y pasar por un colador fino.

Rectificar de sal y pimienta.

Listo.

CREMA DE CALABAZA Y ZANAHORIA

1 kg de calabaza tipo
  potimarron
500 g de zanahorias
  gruesas
1 pomelo
una pizca de curry
1 cebolleta hermosa picada
1 diente de ajo picado
una pizca de jengibre
  fresco rallado
2 l de caldo

Además
rebanadas de pan
1 diente de ajo
un ramillete de perejil

Encender el horno a 180 °C.

Cortar la calabaza en gajos, pelarlos y cortarlos en trozos hermosos.

Lavar las zanahorias y cortarlas en trozos del mismo tamaño.

Sacar una tira de la piel del pomelo y exprimir el zumo.

Colocar las zanahorias, la calabaza, el curry y el zumo del pomelo en una bandeja y asarlo en el horno durante 45 minutos aproximadamente.

Mientras, en una olla sofreír 15 minutos la cebolleta con el ajo, la piel de pomelo y el jengibre.

Añadir la verdura asada al sofrito, remover, verter el caldo y cocer 10 minutos.

Cortar el pan en dados y dorarlos en la sartén, añadir un majado de ajo y perejil y escurrir los picatostes sobre papel absorbente.

Retirar la piel de pomelo de la sopa, verter el contenido en el vaso de una batidora y triturar perfectamente.

Rectificar la sazón de la sopa y servirla con los picatostes.

Listo.

CREMA DE QUESITOS Y HIERBAS

500 ml de leche
200 g de quesitos en porciones
1 cucharada de cebollino picado
medio puñado de hojas de perejil
medio puñado de hojas de perifollo
sal y pimienta

Verter la leche en un cazo y calentarla a fuego muy suave.

Cuando alcance los 80 °C o antes de que rompa el hervor, añadir los quesitos. Tapar con papel film y dejar en infusión unos 30 minutos.

Cuanto se haya enfriado, agregar las hierbas frescas, y triturar bien con la ayuda de una batidora americana de vaso.

Colar la crema para que quede bien fina y rectificar de sal y de pimienta.

Servir la crema en pequeños vasos.

Listo.

SOPA DE JAMÓN Y QUESO

1 diente de ajo picado
1 cebolleta pequeña picada
una pizca de mantequilla
400 g de jamón cocido en dados
150 g de quesitos en porciones
20 g de pan
700 ml de leche
375 ml de nata líquida
375 ml de agua
lonchas de jamón ibérico
aceite de oliva
hojas de perifollo
sal y pimienta

En una olla con mantequilla y aceite de oliva, sofreír el ajo junto con la cebolleta y una pizca de sal.

Añadir el jamón, el pan y seguir sofriendo unos minutos más.

Verter la nata, el agua y la leche hirviendo, dejarlo cocer todo durante unos 7 u 8 minutos.

Pasado este tiempo, añadir los quesitos en porciones, verterlo en un vaso americano, triturar y pasar la sopa por un colador fino.

Rectificar la sazón y añadir un hilo de aceite de oliva.

Listo.

Acompañar con unas flautas de pan, unas lonchas finas de jamón ibérico y decorar con unas hojas de perifollo.

SOPA DE TOMATE AHUMADA

750 g de tomate en rama maduro

1 cebolleta

2 dientes de ajo

50 g de queso Idiazábal ahumado rallado

1 cucharadita de concentrado de tomate

25 ml de aceite oliva virgen extra

25 g de azúcar

dos puñados de tomates cereza de varios colores

3 cucharadas de aceite de oliva

brotes de albahaca

sal

Pelar y cortar finamente la cebolleta y los ajos.

Lavar los tomates en rama, quitarles el pedúnculo y trocearlos en 8 pedazos.

En una cazuela con aceite de oliva, rehogar la cebolleta a fuego suave durante 5 minutos, sin que tome color.

Añadir el tomate concentrado, el ajo y seguir rehogando otros 3 minutos más.

Agregar los tomates en trozos, el azúcar, la sal y cocer tapado a fuego medio durante 30 minutos.

Pasados los 30 minutos, triturar, añadir el queso Idiazábal y volver a triturar.

Pasar por un colador fino, rectificar de sal y servir caliente.

Listo.

Servir la sopa sobre los tomates cereza aliñados con unos brotes de albahaca.

SOPA FRÍA DE TOMATE Y FRUTOS ROJOS

4 tomates grandes
   maduros
300 g de frutos rojos
   (moras, frambuesas, etc.)
4 cucharadas de almíbar
   frío
sal y pimienta
vinagre balsámico
aceite de oliva virgen
costrones pequeños de pan
   frito

En un vaso americano, poner los tomates troceados con los frutos rojos y triturar.

Añadir sal, el almíbar, el vinagre, el aceite de oliva y la pimienta. Mezclar bien para que se integren todos los ingredientes.

Rectificar la sazón y dejar enfriar la sopa.

Servir la sopa acompañada con unos costrones de pan frito y un buen chorro de aceite de oliva virgen extra.

Listo.

SOPA GRATINADA DE CEBOLLAS

150 g de panceta ahumada en tiras finas

1 cucharada de mantequilla

1 kg de cebolletas en tiras finas

1 diente de ajo

una pizca de pimentón picante

1 cucharada de harina

2 cucharadas de brandy

2½ l de caldo de carne

8 rebanadas de pan untadas con ajo

cuatro puñados de queso rallado

aceite de oliva

sal

Sofreír la panceta ahumada con la mantequilla en el fondo de una olla ancha.

Añadir las cebolletas, el ajo machacado, el aceite y la sal, sin que coja mucho color.

Incorporar el pimentón, la harina y rehogar unos minutos.

Añadir el brandy, el caldo y salpimentar, dejar hervir durante 15 minutos aproximadamente.

Restregar las rebanadas de pan con unos dientes de ajo partidos en dos.

Repartir la sopa en 4 soperas individuales de porcelana.

Colocar el pan refregado sobre la sopa, espolvorear el queso rallado y gratinar las soperas en el horno.

Cuando estén bien doradas y la sopa se desborde, servirlas.

Listo.

SOPA «ESPECIAL» DE PUERROS

1 kg de blanco de puerro
150 g de patatas
50 g de mantequilla
un atadillo de verde de
    puerro, laurel, perejil y
    cáscara de limón
2 l de agua

100 g de rape fresco
100 g de salmón fresco
1 chalota picada
una pizca de jengibre
    rallado
1 lima
aceite de oliva virgen
cebollino picado

100 ml de yogur natural
1 cucharada de mostaza
1 lima
4 ostras abiertas
1 cucharada de crema
    raifort o rábano picante
50 ml de leche

Cortar los puerros en rodajas finas y trocear las patatas en dados.

En una olla, rehogar durante 25 minutos a fuego muy suave los puerros y las patatas en la mantequilla.

Añadir el atadillo de hierbas.

Picar el rape y el salmón en dados, juntarlos en un bol.

Picar la chalota y añadirla al bol sobre el pescado, además de la ralladura y el zumo de lima, el jengibre, el cebollino y el aceite.

Salpimentarlos y reservar en la nevera.

Continuar con la sopa, añadiendo el agua caliente. Cocerla a fuego suave y tapada otros 25 minutos más.

Mientras, batir el yogur con la mostaza y la ralladura de lima, mezclando bien. Dejar enfriar en la nevera.

Para finalizar, verter la sopa caliente en el vaso de una batidora americana con las ostras, el raifort o rábano picante, la leche caliente y triturar perfectamente, sazonando la preparación.

Servir al gusto, caliente o fría, acompañada con el tartar de pescado y la salsa de yogur.

Listo.

No solo es importante cocinar eligiendo con meticulosidad los ingredientes y esmerándose en el proceso de elaboración, sino que también es fundamental acompañar los elementos principales con unas guarniciones que hagan brillar aún más todo nuestro trabajo en el fogón, para lograr así la felicidad del comensal. En resumidas cuentas, de esto trata el oficio de cocinero: establecer las mejores conexiones para que todo el mundo desee alargar la sobremesa, soñando con un próximo reencuentro.

VERDURAS, ARROZ Y GUARNICIONES

BERENJENAS RELLENAS

2 cebolletas picadas
3 dientes de ajo picados
1 bote de pimientos del piquillo en conserva
3 berenjenas hermosas
un ramillete de tomillo fresco
3 salchichas frescas gruesas
1 bote de salsa de tomate en conserva
2 huevos
un ramillete de perejil fresco
una cuña de queso Idiazábal rallado

Encender el horno a 190 °C.

En una cazuela con un poco de aceite, sofreír las cebolletas y los ajos picados durante 10 minutos. Añadir los pimientos picados toscamente con las tijeras y seguir rehogando unos minutos.

Cortar las berenjenas en 2 a lo largo y vaciar la pulpa con cuidado, ayudados de una puntilla y una cuchara, sacando la pulpa delicadamente en bocados. Picar la pulpa de la berenjena sobre la tabla.

Cuando el sofrito esté dorado, añadir la pulpa de berenjena y el tomillo, salpimentar generosamente.

Mientras, en una sartén aparte dorar la carne de salchicha bien desmenuzada. Cuando esté dorada, añadirla al sofrito de verduras junto con la salsa de tomate. Rehogar, rectificar la sazón y retirar del fuego para que se enfríe.

Batir los huevos y añadirlos al relleno, con el perejil picado.

Colocar las mitades de berenjenas salpimentadas sobre una bandeja untada con un poco de aceite y llenarlas con el relleno recién hecho. Espolvorearlas generosamente con queso rallado y hornearlas durante 25 minutos, hasta que la pulpa de la berenjena se cocine y se integre con el relleno.

Los últimos minutos, encender el gratinador del horno y dorarlas para que adquieran un tono tostado.

Listo.

CHUTNEY DE MANGO

una pizca de cayena picada

1 cucharada de vinagre
de sidra

75 g de azúcar moreno tipo
mascabado

50 g de cebolleta picada

1 diente de ajo picado

500 g de mango fresco
en dados

50 g de uvas pasas
remojadas en agua

60 g de almendras
tostadas

25 g de jengibre fresco

un ramillete de albahaca

En una cacerola o puchero ancho y bajo, cocinar durante 25 minutos la cayena con el vinagre, el azúcar, la cebolleta, el ajo, el mango y las pasas escurridas.

Mientras, majar las almendras con el jengibre y las hojas de albahaca en un mortero.

Pasado el tiempo de cocción, incorporar el majado a la cacerola y dar unas vueltas.

Dejar cocer unos minutos más hasta que se hayan integrado bien todos los ingredientes y el chutney ofrezca el aspecto de una compota apetitosa.

Retirarlo y dejar enfriar. Guardarlo en botes para servir con patés, embutidos o salchichas.

Listo.

COLES DE BRUSELAS CON CREMA DE QUESO IDIAZÁBAL

Para la crema

24 coles de Bruselas

50 g de jamón ibérico picado en dados

50 g de queso Idiazábal rallado

30 g de cebolleta picada

25 ml de aceite de oliva

250 ml de nata líquida

100 ml de caldo de ave

1 cucharada de cebollino picado

4 huevos

Limpiar las coles de Bruselas guardando las primeras hojas, que escaldaremos en agua hirviendo durante 1 minuto.

Cocer los cogollos de las coles prietas en la misma agua con sal durante 7 u 8 minutos aproximadamente.

Una vez hervidas las coles, refrescar en agua con hielo, escurrirlas y reservarlas.

En una cazuela baja, pochar la cebolleta junto con el aceite de oliva, a fuego suave y sin que coja color, hasta que esté translúcida.

Entonces, añadir el jamón picado y rehogar durante otro minuto más.

COLES DE BRUSELAS CON CREMA DE QUESO IDIAZÁBAL

Añadir la nata líquida y dejar reducir a la mitad.

Agregar el caldo y hervir durante 5 minutos.

Incorporar las coles de Bruselas cocidas y guisarlas durante 15 minutos, hasta que queden tiernas pero no deshechas.

Cuando falten 2 minutos, añadir el queso rallado.

Espolvorear con el cebollino picado.

Para hacer los huevos, en una cazuela pequeña colocar agua y calentarla a unos 65 °C. Si no tenemos termómetro, introducir el dedo y si aguantamos 5 segundos sin llegar a quemarnos, está a la temperatura idónea.

Sumergir los huevos con cáscara en el agua, con cuidado de no romperlos, y cocerlos durante 25 minutos, intentando mantener la temperatura del agua en todo momento.

Pasado el tiempo de cocción, retirar los huevos del agua, cascarlos con cuidado y colocarlos junto a las coles de Bruselas.

Para servir, aliñar las hojas escaldadas de col con una pizca de sal y unas gotas de aceite de oliva y disponerlas alrededor del plato, sobre el guiso y los huevos.

Listo.

FIDEOS CON COSTILLA Y MEJILLONES

1,5 kg de costilla de cerdo cortada en tiras finas

1,5 kg de mejillones grandes

1 vaso de vino blanco

2 cebolletas picadas

1 pimiento verde picado

3 dientes de ajo pelados

½ vaso pequeño de vino blanco seco

un pellizco de pimentón de la Vera

1 lata pequeña de tomate triturado

½ l de agua

300 g de fideos

1 l de agua caliente

1 huevo

4 dientes de ajo pelados

300 ml de aceite de oliva virgen extra

Encender el horno a 250 °C.

En una olla ancha y baja, sofreír los pedazos de costilla con una pizca de aceite y sal.

Mientras, limpiar los mejillones en agua, colocarlos en una olla con el vaso de vino y abrirlos.

Cuando se abran, escurrirlos, ponerlos en una fuente y colar el jugo en un cazo, reservando los mejillones en media concha y desechando la otra.

Retirar de la olla los pedazos de costilla sofritos y añadir al fondo las cebolletas, el pimiento verde y los ajos picados con el medio vaso de vino y el pimentón, sofreír durante 20 minutos.

Entonces, incorporar la costilla y el tomate al sofrito, salpimentar y rehogar hasta que el tomate pierda el agua.

FIDEOS CON COSTILLA Y MEJILLONES

Incorporar el medio litro de agua y guisar durante 20 minutos a fuego suave para que la costilla quede tierna.

Mientras, en una sartén con una pizca de aceite de oliva tostar los fideos con cuidado de que no se quemen, hasta que queden bien rubios. Añadir los fideos tostados a la costilla guisada y dar unas vueltas.

Añadir el jugo de mejillón colado y el litro de agua, rectificar la sazón.

Guisar unos 8 minutos a fuego suave.

Por último meter los fideos en el horno durante 5 minutos.

Retirar la cazuela del horno, colocar por encima los mejillones en su cáscara y dejar reposar unos 5 minutos para que esté lista.

Hacer el alioli en el mortero majando los ajos con la sal y cuando se haga una pasta, añadir la yema de huevo y el aceite de oliva poco a poco, rectificar la sazón.

Servir los fideos con el alioli.

Listo.

FIDEOS GUISADOS

350 g de fideos
2 muslos de pollo
   deshuesados
3 dientes de ajo
un ramillete de perejil
½ vaso de vino manzanilla
1 cebolleta
1 pimiento rojo
1 kg de berberechos
   grandes
6 cucharadas de sofrito
   de tomate
un pellizco de azafrán
½ l de agua
tres puñados de pimientos
   pequeños de fritura tipo
   Gernika
un ramillete de cebollino

Dorar los fideos en una sartén con el aceite hasta que estén bien rubios y reservarlos aparte.

Cortar el pollo en dados pequeños sobre la tabla con ayuda de un cuchillo afilado.

Sofreír en una olla ancha y baja los pedazos de pollo con el aceite escurrido de tostar los fideos.

Majar los ajos con el perejil y el azafrán y añadirlos sobre el sofrito de pollo, removiendo.

Picar la cebolleta y el pimiento y añadirlos al sofrito junto con un chorrito de la manzanilla, rehogar.

Colocar los berberechos en una olla aparte con el resto de la manzanilla y abrirlos a fuego suave bien tapados.

FIDEOS GUISADOS

Retirarlos en cuanto se abran, para que no se pongan correosos, y separar las cáscaras de los berberechos, colando el jugo.

Añadir los fideos dorados al sofrito y remover bien.

Por último, añadir el tomate y las hebras de azafrán.

Verter el jugo de berberechos y el agua, rectificando la sazón.

Cocer los fideos unos 8 o 10 minutos a fuego suave.

Retirar del fuego, tapar y dejar reposar unos 5 minutos para que estén listos.

Mientras, quitar el tallo a los pimientos y saltearlos enteros en una sartén antiadherente con una pizca de aceite y sal.

Picar el cebollino.

Mezclar los berberechos con unas gotas de aceite de oliva y el cebollino picado.

Colocar sobre los fideos terminados los pimientos recién salteados y los berberechos aliñados.

Listo.

JUDÍAS VERDES
Y PAK CHOI ROJOS

750 g de judías verdes
2 pak choi
2 cebolletas pequeñas
  picadas
100 ml de sofrito de tomate
1 cucharada de pimentón
  de la Vera picante
6 dientes de ajo laminados
aceite de oliva
sal y pimienta

Limpiar y cortar las judías en tiras a lo largo.

Rehogar las cebolletas con el ajo y el aceite de oliva.

Añadir el tomate y el pimentón al sofrito y remover.

Incorporar las judías verdes y un pellizco de sal, sin dejar de remover.

Cubrir con la tapa y dejar que se guisen a fuego suave unos 5 o 6 minutos.

Limpiar los pak choi en abundante agua, eliminando las hojas feas exteriores.

Separar las pencas de los pak choi de las hojas verdes.

Trocear las pencas en pedazos gruesos y añadirlas a las judías verdes del fuego.

Dejarlas unos minutos para que cojan el gusto y se integren los sabores, finalmente añadir las hojas del pak choi y rectificar la sazón.

Listo.

PURÉ DE COL

**4 patatas medianas
peladas**
**1 col pequeña en tiras
anchas**
100 ml de aceite de oliva
7 dientes de ajo laminados
1 chile
100 ml de leche caliente
100 g de mantequilla
cebollino picado

Poner a cocer las patatas troceadas en agua con sal, durante 25 minutos.

En otro puchero, añadir sal al agua hirviendo e incorporar la col troceada.

En una sartén, sofreír los ajos en el aceite con una pizca de chile laminado y verter el refrito a través de un colador sobre la col en el agua en ebullición, teniendo cuidado con las salpicaduras.

El refrito le dará un buen gusto a la col una vez la escurramos.

Seguir hirviendo la col destapada durante 25 minutos o hasta que comprobemos que está bien tierna.

Entonces, escurrir las patatas cocidas y la col.

Triturar las patatas con túrmix o pasarlas por un pasapurés y agregar la leche y la mantequilla, salpimentar generosamente.

Mezclar el puré con la col bien escurrida, añadirle el cebollino picado y rectificar la sazón.

Listo.

Para la receta de las palomas guisadas, véase p. 178.

PURÉ DE COLIFLOR Y CURRY

600 g de coliflor
300 ml de agua
un pellizco de curry
4 dientes de ajo
50 ml de aceite oliva virgen
   extra
1 chile fresco
100 g de mantequilla
sal y pimienta

Limpiar la coliflor y separarla en ramilletes pequeños.

Colocar la coliflor en una olla con agua y el curry a fuego suave, sazonar generosamente.

Entonces, en una sartén aparte hacer un refrito con los ajos laminados, el aceite de oliva y un poco de chile laminado.

Cuando estén dorados, verterlos a través de un colador sobre la coliflor en el agua en ebullición, teniendo cuidado con las salpicaduras.

Cocer la coliflor destapada hasta que esté tierna, unos 20 minutos aproximadamente.

Escurrir la coliflor perfectamente, meterla en el vaso de una batidora americana y triturarla con la mantequilla, hasta obtener un puré untuoso.

Ponerlo a punto de sal y de pimienta.

Listo.

Para la receta de los morros en salsa, véase p. 174.

RISOTTO DE COLIFLOR Y RÚCULA

1 l de caldo
1 cebolleta picada
2 dientes de ajo
100 g de jamón cocido picado
una pizca de nuez moscada
1 coliflor pequeña (mitad en ramitos, mitad entera para ensalada)
300 g de arroz
un chorrito de vino blanco
dos puñados generosos de rúcula limpia
1 cucharada de mascarpone
3 cucharadas de queso comté rallado
cebollino picado
1 cucharada de nata líquida
1 limón
aceite de oliva

Calentar el caldo y mantenerlo caliente.

Sofreír la cebolleta con el ajo, el jamón y la nuez moscada en una olla.

Cortar media coliflor en ramitos, laminar con la mandolina la otra mitad, muy fina y en lascas generosas, transparentes como el papel de fumar. Una vez hechas, sumergirlas en agua helada para que se ricen.

Añadir el arroz al sofrito y perlarlo bien, hasta que el grano vaya quedando translúcido.

Incorporar los ramitos de coliflor y removerlos, añadir el vino y dejar que se reduzca ligeramente. Agregar el caldo poco a poco y guisar el arroz unos 16 minutos.

En el último minuto, añadir la rúcula troceada toscamente y removerlo.

Mantecarlo fuera del fuego con el mascarpone y el queso, rectificando la sazón. Pimentar con generosidad y rematar con la ensalada de coliflor por encima.

Para la ensalada, escurrir las lascas de coliflor y secarlas bien, aliñarlas con cebollino, una pizca de aceite de oliva, la nata, el zumo y la ralladura de limón.

Esparcir la coliflor aliñada sobre el arroz antes de servirlo.

Listo.

Las recetas que aquí os presento conectan con aquel Martín que corría en pantalón corto y jugaba por las calles de la parte vieja de Donostia, porque los huevos elaborados de cualquier forma y las pastas bien condimentadas siguen estando en el imaginario de aquellos días de travesuras y poca responsabilidad. Me he limitado a ofreceros una selección muy cuidada de las más representativas, pero os aconsejo que añadáis a la cesta de la compra otros ingredientes para multiplicar las opciones y las posibilidades de seguir gozando. Porque, al fin y al cabo, de eso trata este libro, de disfrutar y de hacer felices a los vuestros.

HUEVOS Y PASTA

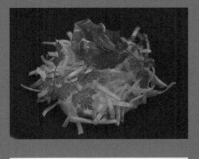

MINIHAMBURGUESAS «SALTIMBOCCA» CON ÑOQUIS

2 cebolletas tiernas en tiras
2 dientes de ajo pelados
50 g de mantequilla
6 minihamburguesas
    de vaca
12 lonchas finas de
    tocineta ibérica
un ramillete de salvia
    fresca
1 barqueta de ñoquis
    frescos
una pizca de harina
100 ml de oporto blanco
    dulce
1 limón
aceite de oliva

Poner abundante agua a hervir en una cazuela amplia.

En un cazo ancho y bajo, sofreír las cebolletas con los ajos machacados, el aceite de oliva, la mantequilla, y la cáscara de limón rallada.

Sobre la mesa de trabajo, extender las lonchas de tocineta formando seis cruces, en cuyo centro pondremos las seis hamburguesas crudas, con una hoja de salvia fresca encima.

Entonces, cerrar las tiras de tocineta sobre las hamburguesas y una vez todas bien envueltas, hacer un hueco en el sofrito para dorarlas vuelta y vuelta, rápidamente.

MINIHAMBURGUESAS «SALTIMBOCCA» CON ÑOQUIS

Retirarlas para que no queden secas.

Seguir sofriendo el fondo de verdura y añadir una pizca de hojas de salvia bien picadas con el cuchillo, una pizca de harina y el vino, reducirlo a fuego suave para que se forme un jugo apetecible.

Luego, bajar el fuego, añadir una pizca de mantequilla, el zumo del limón y remover para ligar una salsilla ligera y sabrosa.

Mientras, sazonar generosamente el agua hirviendo y añadir los ñoquis frescos, cocerlos el tiempo que indique el fabricante, normalmente un par de minutos o hasta que los ñoquis empiecen a flotar en la superficie.

Reservar una taza de agua de cocción de los ñoquis y escurrirlos.

Añadirlos a la salsa recién hecha y completar con un poco de agua de cocción para convertir el fondo en un jugo más apetecible y que cunda más.

Finalmente, agregar las hamburguesas reservadas y sazonar con pimienta generosamente dando un hervor ligero para que se calienten.

Listo.

HUEVOS CON TOMATE Y ALBAHACA

2 tomates medianos
un trozo de mantequilla
2 dientes de ajo con piel
un ramillete de albahaca
una pizca de azúcar
4 cucharadas de nata
    líquida
4 huevos
1 chalota en tiras finas
sal y pimienta

Encender el horno a 150 °C.

Lavar los tomates y partirlos en dos.

En una sartén, poner la mantequilla y espumarla a fuego suave, añadiendo el ajo machacado. Picar los tallos tiernos de la albahaca, reservando las hojas aparte, y añadirlos al ajo.

Introducir los tomates con el corte plano hacia abajo, dorándolos durante 5 minutos. Pincharlos ligeramente con un cuchillo para que salga el jugo.

Darles la vuelta, añadir azúcar, sal, pimienta y tenerlos otros 5 minutos.

Voltearlos, salpimentarlos y darles la vuelta otra vez, añadir la nata y hervir unos minutos más.

Entonces, colocar dos mitades de tomates en el fondo de unos pequeños moldes de porcelana que puedan ir al horno, cubriéndolos con su propio jugo. Cascar un huevo sobre cada medio tomate, salpimentar.

Introducir los dos moldes en un baño maría al horno durante 3 minutos aproximadamente, teniendo la precaución de que las claras cuajen y las yemas queden jugosas.

Antes de servir, aliñar con aceite de oliva y sal las hojas crudas de albahaca reservadas con las tiras de chalota y colocarlas sobre cada uno de los dos moldes de porcelana.

Listo.

HUEVOS FRITOS CON JAMÓN *BY* MARTÍN

4 huevos
1 bolsa de patatas paja
de calidad
8 lonchas finas de jamón
ibérico

Para la salsa tártara
250 ml de salsa mayonesa
1 cucharada de alcaparras
1 cucharada de pepinillos
1 cucharada de cebolla
picada
1 cucharada de cebollino
picado
sal y pimienta

Picar las alcaparras y los pepinillos finamente.

Mezclar en un bol la mayonesa con las alcaparras, la cebolla y los pepinillos picados y poner a punto de sal y pimienta, añadir el cebollino.

Mezclar bien y reservar.

Cascar los huevos en pequeñas tazas y calentar el aceite de oliva en una sartén.

Agregar al aceite una miga de pan para controlar la temperatura.

En cuanto la miga se dore, el aceite tendrá la temperatura adecuada para freír los huevos.

Entonces, colocar una base de salsa tártara en el fondo de unos platos, añadir las patatas paja formando un nido para que sujete los huevos.

Freír los huevos vigilando que las yemas no queden secas y colocarlos en el centro, cubriendo cada uno con dos lonchas de jamón ibérico.

Listo.

PASTA CARBONARA

200 g de espaguetis
200 g de tocineta en
    lonchas cortadas en
    trozos de 6 x 2 cm
    aproximadamente
3 yemas y 1 huevo entero
150 g de queso tipo
    pecorino rallado
un chorrito de nata líquida

En una sartén amplia, rehogar la tocineta a fuego suave hasta que suelte la grasa y esté bien dorada.

Hervir agua con un buen puñado de sal y en cuanto empiece a borbotear, añadir la pasta.

En un bol, mezclar las yemas con el huevo, el queso y abundante pimienta negra.

Reservar una taza de agua de cocción y escurrir la pasta.

Añadir un buen chorro de agua de cocción y la nata a la mezcla de huevos.

Escurrir la grasa de la tocineta y ponerla de nuevo en la sartén.

Añadir la pasta sobre la tocineta en la sartén, remover y, de un golpe, añadir fuera del fuego la mezcla de huevos para hacer la salsa.

Remover bien para que emulsione y forme una ligazón apetitosa.

Listo.

PASTA CON ALCACHOFAS Y PIMENTÓN

4 alcachofas frescas
4 dientes de ajo
un ramillete de perejil
1 chile fresco
una pizca de pimentón
 de la Vera picante
un chorrito de vino tinto
200 ml de salsa de tomate
200 g de pasta al gusto

Limpiar las alcachofas y cortarlas en láminas bien finas.

Sofreírlas en una sartén y dorarlas ligeramente.

Majar los ajos con la sal, perejil y un poco de chile y añadirlo al sofrito de alcachofas y remover.

Entonces, incorporar el pimentón, el vino, la salsa tomate y guisar 5 minutos.

Poner agua a hervir con abundante sal. En cuanto empiece a borbotear, cocer la pasta. Reservar una taza del agua de cocción de la pasta y escurrirla.

Añadir la pasta recién hervida al sofrito y removerla. Agregar un poco del agua de cocción reservada para estirar la salsa. Remover para que se empape todo con la salsa y adquiera un tono apetitoso.

Verter un hilo de aceite de oliva virgen extra.

Listo.

Espolvorear con parmesano rallado en la mesa.

PASTA
CON ALMEJAS

400 g de pasta tipo
  gnocchetti
600 g de almeja arrocera
una pizca de cayena fresca
1 chalota picada
1 diente de ajo picado
100 ml de vino blanco
200 g de tomate en dados
200 g de tomate frito
4 cucharadas de aceite
  de oliva virgen extra
perejil picado
sal y pimienta

Cocer la pasta en abundante agua con sal durante
10 minutos.

Mientras se cuece la pasta, rehogar la chalota, el diente
de ajo picado y la pizca de cayena en una cazuela con
3 cucharadas de aceite de oliva.

Mojar con el vino blanco, dejar evaporar el alcohol
unos segundos y añadir las almejas.

Cuando comiencen a abrirse, retirarlas a un plato
rápidamente para que no queden gomosas.

Quitarles la concha que no contiene carne y reservarlas
a un lado.

En la misma cazuela agregar el tomate en dados, sofreír
unos minutos y añadir el tomate frito.

Escurrir la pasta reservando un poco del agua de cocción
y añadirla al sofrito.

Añadir las almejas reservadas, dar unas vueltas para que
todo se integre bien, poner a punto de sal y si hace falta,
verter un poco del agua de cocción de la pasta para que la
salsa empape bien la pasta.

Espolvorear el perejil picado, añadir unas vueltas de pimienta
molida y terminar con una cucharada sopera de aceite de
oliva virgen extra.

Listo.

PASTA
CON MORILLAS

un puñado de morillas
   secas
1 cebolleta
1 diente de ajo
un trozo de mantequilla
200 g de pasta al gusto
un chorrito de vermú
   blanco
un ramillete de cebollino
1 vaso pequeño de nata
   líquida
1 limón

Un rato antes de empezar a guisar la pasta, poner las morillas en agua hirviendo, justo que las cubra y dejarlas en remojo al menos media hora.

Picar la cebolleta y el ajo y sofreírlos en una cazuela baja con una pizca de mantequilla y aceite, salpimentar generosamente.

Escurrir las morillas con la mano y rehogarlas en el sofrito, añadir el vermú y dejarlo reducir lentamente.

Entonces, colar el agua de remojo de las morillas para eliminar la arenilla que pueda contener y verterla sobre el sofrito, dejar reducir de nuevo el jugo.

Poner agua a hervir en una olla con abundante sal y cocer la pasta.

Picar el cebollino.

Reservar una taza del agua de cocción de la pasta y escurrirla.

Añadir al sofrito la nata y hervir suavemente, incorporar la cáscara de limón recién rallada y su zumo.

Añadir la pasta escurrida a la salsa, dejar que se empape bien y verter una pizca del agua de cocción reservada.

Rectificar la sazón y espolvorear el cebollino picado por encima.

Listo.

PASTA CON
SALMÓN AHUMADO

200 g de pasta al gusto
2 chalotas picadas
1 diente de ajo pelado
un ramillete de cebollino
150 g de salmón ahumado
en un taco
1 vasito de vodka
200 ml de nata
1 limón
tres puñados de canónigos

En una sartén ancha sofreír las chalotas con el ajo machacado y una pizca de sal.

Picar el cebollino con ayuda de un cuchillo bien afilado.

Cortar el salmón en tacos gruesos sobre la tabla y añadirlos al sofrito.

Remover delicadamente, añadir el vodka, la nata y la ralladura de limón, dejar hervir el conjunto apenas 1 minuto.

Poner agua a hervir con sal y en cuanto empiece a borbotear introducir la pasta.

Reservar una taza del agua de cocción de la pasta y escurrirla.

Añadir los canónigos y la pasta a la salsa caliente.

Si es necesario, añadir el agua de cocción a la salsa, para que se empape bien la pasta y tenga un aspecto apetitoso.

Añadir unas gotas de zumo de limón y el cebollino picado.

Listo.

He crecido y vivido junto al mar, así que mi recetario de raíz está repleto de los pescados y mariscos que comprábamos en el muelle donostiarra y en el Mercado de La Bretxa. Cuando era un chaval me maravillaban los charcos que se formaban junto a las cajas del pescado recién desembarcado y las visitas que los pescadores hacían al restaurante familiar. Sigo sintiendo mucho respeto por todos los que se juegan la vida en la mar para traernos los mejores productos y por esas pescateras que quitan escamas, limpian, despellejan, cortan y trocean en lomos, y además te atienden con tanto cariño, precisión y rapidez. Los pueblos que comemos pescado somos más dichosos y sanos, y vemos siempre el lado bueno de las cosas, con optimismo, desparpajo y brillo en los ojos. ¡Vivan la escama y el caparazón del bogavante!

PESCADOS Y PRODUCTOS DEL MAR

BACALAO CON SOFRITO EXÓTICO

1 cebolla picada
1 diente de ajo
un pedazo de jengibre
 fresco
una punta de curry
dos puñados de tomates
 cereza
½ vaso de vino blanco
1 cogote grande de
 bacalao fresco
4 chalotas
un ramillete de perejil
1 limón

Encender el horno a 180 °C.

En una sartén ancha y baja con el aceite de oliva sofreír la cebolla y el ajo, machacado o picado con cuchillo, durante 10 minutos.

Pelar el jengibre con cuidado y cortarlo en tiras muy finas para añadirlas al sofrito con el curry.

Lavar y cortar en dos los tomatitos para añadirlos al sofrito, dar unas vueltas e incorporar el vino, guisar 10 minutos y salpimentar.

Mientras, preparar el cogote en cuatro lomos y sazonarlos.

BACALAO CON SOFRITO EXÓTICO

Podemos hacerlo en casa con un cuchillo afilado o pedirle al pescadero que lo haga y nos los deje listos.

Cuando el sofrito esté hecho, poner encima los lomos de bacalao con la piel hacia arriba y untarlos ligeramente con aceite de oliva.

Hornearlos durante 5 minutos aproximadamente, hasta que se les infiltre el calor y queden rosados.

Para servirlos, acompañarlos con una ensalada fresca de hojas de perejil.

La haremos cortando la chalota en tiras muy finas y deshojando el perejil.

Lo juntamos en un bol y lo aliñamos con cáscara de limón rallada, unas gotas de zumo, aceite de oliva y un pellizco de sal y pimienta.

Al sacar el pescado del horno, poner encima de cada pedazo de bacalao la ensalada de perejil recién aliñada.

Listo.

BACALAO FRESCO «REHOGADO»

3 cebolletas frescas en tiras finas

1 centro de bacalao fresco de 750 g

4 dientes de ajo

una pizca de pimentón picante

1 lata de pimientos verdes entreverados

un chorrito de vino blanco

un ramillete de perejil fresco

En una sartén amplia sofreír 5 minutos las cebolletas con una pizca de sal.

Sobre la tabla, desespinar y preparar el pescado con ayuda de un cuchillo afilado.

Separar los lomos de la espina central y partir cada lomo en dos, resultando 4 lomos en total, salpimentar generosamente.

Mientras, añadir el ajo machacado al sofrito, junto al pimentón, los pimientos cortados en tiras con ayuda de unas tijeras y rehogarlos 5 minutos más.

Es importante dorar bien la verdura.

Finalmente, añadir el vino a la fritada y dejarlo reducir.

Hacer un hueco en el sofrito y colocar el bacalao con la piel hacia arriba, entre la verdura.

Cubrir con una tapa y cocinar a fuego suave de 5 a 8 minutos, para que al pescado le penetre el calor y los jugos que suelte empapen el guiso.

Para terminar, picar el perejil y espolvorearlo por encima para rematar el plato.

Listo.

BOGAVANTE
A LA AMERICANA

1 bogavante vivo de 850 g
  aproximadamente
4 chalotas
1 cucharada de mantequilla
una pizca de chile
1 cucharada de brandy
una ramita de estragón
500 ml de salsa americana

Cocer el bogavante partiendo de agua fría con sal, añadida a razón de 35 g por cada litro de agua.

Mientras arranca el hervor del bogavante en el agua, en una cazuela ancha y baja sofreír las chalotas bien picadas junto con la mantequilla y el chile, también picado.

Cuando el agua empiece a hervir, escurrir inmediatamente el bogavante y sumergirlo en un baño de agua helada con abundante sal, dejándolo allí durante unos minutos para detener la cocción. Entonces, escurrirlo, y soltarle las pinzas gordas y las patas pequeñas. Con ayuda de un cuchillo sobre una tabla, abrir el bogavante en dos a lo largo, sujetándolo bien con la mano. Dar un golpe a las pinzas gordas para cascar el caparazón. Retirar el cartílago de la cabeza y eliminar el intestino que recorre la cola.

Salpimentar los trozos de bogavante y añadirlos al sofrito de chalotas, añadiendo una pizca más de mantequilla si fuera necesario.

Verter el brandy y la ramita de estragón, para que aromatice el fondo.

Dar unas vueltas e incorporar la salsa americana caliente, dándole un ligero hervor, para que no se sequen los pedazos de bogavante. Rectificar la sazón.

Listo.

CALAMARES ESTOFADOS

3 dientes de ajo pelados
2 cebolletas picadas
1 pimiento verde picado
una pizca de chile fresco
4 patatas medianas
   peladas
2 dientes de ajo con su piel
1 kg de calamares limpios,
   con piel
una pizca de brandy
1 vaso de vino blanco
½ vaso de agua
perejil fresco

En una olla amplia con aceite de oliva, sofreír a fuego suave los ajos machacados, las cebolletas, el pimiento y el chile, sazonar y dorarlo todo suavemente por espacio de unos 20 minutos.

Mientras, cortar las patatas en rodajas gruesas y lavarlas en agua para eliminarles el almidón.

Escurrirlas, secarlas con un trapo y freírlas en una sartén aparte con abundante aceite de oliva y los ajos con piel aplastados.

Cuando estén fritas, escurrirlas sobre papel absorbente para eliminarles el exceso de grasa.

CALAMARES ESTOFADOS

Sobre la tabla, cortar los calamares en pedazos hermosos, sin quitarles la piel, teniendo en cuenta que al guisar merman de tamaño.

En la misma sartén en la que freímos las patatas, saltear los calamares en tandas, con una pizca de aceite y sal.

Justo antes de sacarlos, añadir un chorrito de brandy y ponerlos sobre el sofrito.

Dorar los calamares en tandas, como indicamos, para que no se recuezan y el tostado le dé un punto sabroso al guiso.

Una vez añadidos todos los calamares sobre el sofrito, remover y verter el vino blanco y el agua.

Cuando arranque el hervor, rectificar la sazón y guisar a fuego muy suave durante 35 minutos, hasta que el calamar esté tierno y se obtenga una salsa marrón muy apetecible.

Mientras, picar el perejil muy finamente sobre la tabla.

Finalmente, añadir las patatas fritas al guiso de calamares y dejar cocer unos minutos muy despacio, intentando que no se rompan, para que absorban todo el gusto de la cazuela.

Por último, espolvorear el perejil por encima.

Listo.

COCOCHAS DE BACALAO CON ALMEJAS A LA SIDRA

2 dientes de ajo picados
150 ml de aceite de oliva
400 g de cocochas de
    bacalao pequeñas
    y frescas
30 almejas grandes
100 ml de sidra natural
2 cucharadas de cebollino
    picado
una punta de cayena fresca
sal

Verter los 100 ml de sidra en una cazuela amplia, llevar a ebullición y añadir las almejas, tapar y dejarlas hasta que se abran.

Entonces, con ayuda de una espumadera retirar todas las almejas a una bandeja fría o a un bol, para detener la cocción y que no queden correosas.

Quitar, una a una, las conchas que no contienen almeja y reservar las llenas.

Mientras, reducir a fuego suave el jugo de cocción que han soltado las almejas hasta que queden unas 8 cucharadas soperas, reservar este jugo para ligar y sazonar las cocochas.

COCOCHAS DE BACALAO CON ALMEJAS A LA SIDRA

Calentar en otra cazuela baja y amplia el aceite de oliva y los dientes de ajo.

Cuando el ajo empieza a bailar y se torna de color anaranjado, añadir la cayena y las cocochas, guisarlas a fuego muy suave durante unos 4 minutos para que suelten la gelatina.

Pasado el tiempo de cocción, retirar todo el aceite y verterlo en un cazo frío para bajarle la temperatura.

Empezar a darle movimientos giratorios de vaivén con la muñeca a la cazuela de las cocochas, para que vaya formándose una salsa pilpil.

Añadir sobre las cocochas y en hilo fino el aceite para ir formando una salsa abundante.

Finalmente, incorporar el jugo reducido de las almejas reservado, rectificar la sazón.

Si es necesario, añadir una pizca de sal.

Por último, incorporar las medias almejas reservadas y darle al conjunto un hervor muy ligero, para que se calienten un poco.

Finalmente, espolvorearlas con el cebollino picado.

Listo.

MERLUZA AL PILPIL CON COCOCHAS

2 trozos de lomo de merluza (100 g cada uno)

300 g de cocochas de merluza

300 ml de aceite de oliva suave

2 cucharaditas de ajo muy picado

½ guindilla fresca picada

4 cucharadas de caldo de pescado

1 cucharada de perejil picado

1 cucharada de cebollino picado

Calentar la cazuela con el aceite, el ajo y la guindilla y confitar las cocochas con la piel hacia arriba a fuego suave durante 1 minuto, darles la vuelta, dejarlas durante otros 2 minutos dependiendo del grosor, retirarlas del fuego y, con cuidado, verter el aceite en un cazo frío.

Montar el pilpil con cuidado de no romper las cocochas con ayuda del caldo.

Una vez montado el pilpil, retirar las cocochas a una bandeja y aligerar el pilpil con un poco más de caldo.

Llevar nuevamente la cazuela al fuego y añadir los lomos de merluza previamente salados con la piel hacia arriba.

Cocinar los lomos a fuego suave añadiendo caldo poco a poco a la cazuela, para que la salsa no nos quede demasiado espesa y se cocine bien el pescado.

Cuando los lomos estén listos, añadir las cocochas para que no se pasen de cocción. Añadir el perejil picado, ligar bien la salsa, poner a punto de sal, espolvorear el cebollino picado y ya está listo para servir.

MERLUZA CON ALIOLI DE AZAFRÁN

1 merluza mediana

4 patatas medianas
   con piel

2 cucharadas de perejil
   picado

Para el alioli de azafrán

2 dientes de ajo

1 cucharadita de mostaza
   de Dijon

una pizca de azafrán

2 yemas de huevo

150 ml de aceite de oliva

sal y pimienta recién
   molida

Para el refrito

1 guindilla fresca

3 dientes de ajo fileteados

200 ml de aceite de oliva

2 cucharadas de vinagre
   de sidra

MERLUZA CON ALIOLI DE AZAFRÁN

Lavar las patatas y colocarlas en una olla cubiertas con agua fría y una pizca de sal.

Llevarla al fuego y cocerlas suavemente con la piel durante 20 o 25 minutos, para que no se rompan.

Pasado el tiempo de cocción y cuando al pincharlas con un cuchillo no ofrezcan resistencia, retirarlas del agua y dejarlas enfriar.

Entonces, pelarlas con cuidado y cortarlas en rodajas de 1 cm de espesor.

Colocarlas en el fondo de un plato o una bandeja.

Para el alioli de azafrán, pelar los dientes de ajo, partirlos en dos para quitarles el germen y colocarlos en un vaso de túrmix.

Añadir una pizca de sal y pimienta, la mostaza de Dijon, el azafrán y las dos yemas de huevo, añadir el aceite en hilo fino y montar a máxima potencia como si fuera una salsa mayonesa.

Mezclar bien, poner a punto de sal y reservar.

Por otro lado, limpiar bien la merluza, quitarle la espina central y abrirla en libro.

Salarla y asarla en una sartén antiadherente 6 minutos por el lado de la carne.

Darle la vuelta con cuidado y seguir asándola otros 8 minutos por el lado de la piel.

Cuando esté hecha, colocar la merluza sobre las patatas cocidas. Para el refrito, calentar el aceite, los ajos y la guindilla y cuando el ajo comience a bailar, verterlo sobre la merluza y las patatas.

En la misma sartén, añadir el vinagre de sidra y verterlo sobre la merluza. Recuperar el refrito en la misma sartén y volver a hacer la misma operación otras dos veces más, para convertirlo en un jugo lechoso y ligado, con el que salsearemos el pescado.

Espolvorear con perejil picado. Servirlo con el alioli.

Listo.

NAVAJAS AL ESTRAGÓN

18 navajas frescas

Para la mantequilla
de estragón
**150 g de mantequilla
en pomada**
2 chalotas
un manojo de estragón

Deshojar el estragón y picarlo finamente.

Pelar y picar finamente las chalotas.

Colocar la mantequilla pomada en un bol y añadirle la chalota y el estragón picado. Mezclar bien y guardar la mezcla en un recipiente. Dejarla enfriar en la nevera.

Abrir las navajas a la plancha o en una sartén durante 2 o 3 minutos, dependiendo del tamaño.

Una vez que se abran, colocarlas en un plato.

Fundir la mantequilla de estragón en un cazo y salsear sobre las navajas asadas.

Listo.

RODABALLO DE TAMBORRADA

1 rodaballo limpio de 2,5 kg
50 ml de aceite oliva
sal

Para los refritos

100 ml de aceite de oliva
  suave
1 diente de ajo fileteado
1 cayena fresca pequeña
  picada
3 cucharadas de vinagre de
  sidra
1 cucharada de perejil
  picado

Además

1 lata pequeña de anchoas
  en salazón
50 ml de aceite de oliva
100 g de tomate fresco en
  dados pequeños
2 cucharadas de alcaparras

Triturar los 50 ml de aceite de oliva junto con la lata pequeña de anchoas y reservarlo.

Salar el rodaballo, pero no mucho ya que luego añadiremos las anchoas.

Dorarlo en una sartén antiadherente o una paella hermosa con 50 ml de aceite de oliva limpios.

Tostarlo a fuego suave 13 minutos por la parte oscura y 12 minutos por la parte blanca.

Pasado el tiempo, calentar los 100 ml de aceite de oliva junto con el ajo en una sartén y cuando se torne de color anaranjado, añadir la cayena y verter el refrito sobre el rodaballo en la sartén.

A continuación, añadir en la misma sartén caliente las 3 cucharadas de vinagre de sidra y verter nuevamente encima del pescado.

Recuperar el refrito y repetir esta operación 2 veces más.

Por último, volver a recuperar el refrito, añadirle el aceite de anchoas reservado, el tomate en dados y las alcaparras.

Darle un pequeño hervor, verter sobre el rodaballo y espolvorear con perejil picado.

Listo.

SALMÓN
«ELEGANTE»

1 lomo de salmón de 800 g
   aproximadamente, fresco
   y con piel
2 limones
2 cucharadas de orujo
   de hierbas
6 cucharadas de azúcar
un ramillete de eneldo
   fresco
9 cucharadas de sal gruesa
   ahumada
2 cucharadas de pimienta
   negra rota
2 cucharadas de té negro
pan tostado o tipo wasa

Para la salsa
1 yema de huevo
2 cucharadas de mostaza
2 cucharadas de aceite de
   oliva virgen extra
una pizca de miel
150 g de queso fresco
vinagre de sidra
un ramillete de eneldo
   fresco
1 limón
un pellizco de wasabi
pimienta molida

Colocar en el fondo de una rustidera un paño de cocina abierto.

Mezclar en un bol la ralladura de los limones, el té, el orujo, el azúcar, el eneldo troceado, la sal y la pimienta, utilizando los dedos.

Con un cuchillo muy afilado hacer pequeñas incisiones a la piel del salmón, sobre la tabla. Colocar un tercio de la mezcla sobre el paño y apoyar el salmón con la piel hacia arriba. Cubrir con el resto de la mezcla del bol y cerrar el paño, haciendo un paquete prieto.

Colocar encima del pescado otra rustidera con peso y meterlo en la nevera 18 horas

Para hacer la salsa, mezclar la yema, la mostaza, el aceite, la miel, el queso, el vinagre, el eneldo cortado con tijeras, la cáscara de limón rallada y su zumo, el wasabi y abundante pimienta recién molida.

Cuando esté marinado, escurrir el salmón del paño, lavarlo en agua y secarlo con un trapo limpio.

Para servirlo, cortarlo en escalopes finos sobre la tabla con un cuchillo jamonero y acompañarlo con el pan y la salsa recién hecha servida aparte en una salsera.

Listo.

En el norte de Europa
a este tipo de salmón
le llaman gravlax.

Mi padre fue carnicero, así que poco más tengo que añadir, porque siento un cariño desmedido por los que ejercen su mismo oficio. Me sigue pareciendo un espectáculo la frenética actividad de los mataderos y de las cámaras frigoríficas, que bien entrada la madrugada son testigos de las idas y venidas de un ejército de profesionales. Miran, tocan, marcan las canales y seleccionan sus cintas de chuletas para que metamos los mejores cortes en el fondo de nuestros pucheros o sobre las rejillas de nuestras parrillas. De entre todas las recetas contenidas en este capítulo destaco el guiso de morros de ternera en homenaje a Hilario Arbelaitz, uno de los mejores cocineros de todos los tiempos.

CARNES

ALBÓNDIGAS EN SALSA

Para la salsa de zanahoria

2 dientes de ajo picados

800 g de zanahorias
   picadas

2 kg de cebolleta picada

2 cucharadas de aceite
   de oliva virgen extra

1 l de vino oloroso

2 l de caldo

Para la masa de albóndigas

750 g de carne de vaca
   picada

250 g de aguja de cerdo
   ibérico picada

185 g de cebolleta picada

2 cucharadas de aceite
   de oliva virgen extra

1 yema de huevo

1 huevo entero

2 dientes de ajo picados

1 cucharada de perejil
   picado

1 cucharada de pan rallado

una pizca de miga de pan

2 cucharadas de leche

harina

sal y pimienta

ALBÓNDIGAS
EN SALSA

Para la salsa de zanahoria

Rehogar la cebolleta y el ajo en aceite de oliva a fuego medio.

Añadir la zanahoria y seguir rehogando otros 5 minutos.

Desglasar con el vino oloroso, dejarlo reducir completamente, mojar con el caldo y salpimentar.

Dejar cocer unos 25 minutos para que vaya cogiendo sabor.

Entonces, triturar la salsa con un túrmix o en el vaso de una batidora americana, pasarla por un pasapurés o a través de un colador para que quede bien fina.

Ponerla a punto de sal y pimienta.

Para la masa de albóndigas

Mientras se hace la salsa, rehogar la cebolleta en una cazuela con el aceite de oliva hasta que quede bien sofrita, pero sin que coja demasiado color.

En un bol, poner todos los ingredientes, la carne de vaca, la aguja de cerdo, el huevo, la yema, el ajo picado, el pan rallado, el perejil, la miga de pan previamente remojada con la leche y escurrida, y la cebolla previamente rehogada.

Amasar con las manos hasta que quede todo bien integrado, poner a punto de sal y pimienta.

Formar pequeñas bolas de carne.

Poner la harina en una bandeja, enharinar las palmas de las manos, aplaudir para quitar el exceso y rebozar las albóndigas haciéndolas rodar entre las manos, para no cargarlas en exceso de harina.

Freírlas en aceite de oliva a temperatura muy fuerte para que se forme una costra crujiente por fuera y queden muy jugosas por dentro.

Una vez todas listas y la salsa a punto, introducir las albóndigas en la salsa y calentarlas bien durante unos minutos, sin excedernos de cocción para que queden jugosas.

Romper una de ellas para comprobar el punto de cocción rosado y finalmente ligar la salsa fuera del fuego con un buen chorro de aceite de oliva crudo.

Listo.

BECADAS ASADAS TRADICIONALES

2 becadas desplumadas
  con cabeza y con tripas
un trozo de grasa de jamón
  ibérico
una pizca de mantequilla
2 filetes de anchoas en
  salazón
un trozo hermoso de terrina
  de foie gras
un chorrito de brandy
100 ml de caldo de carne
2 rebanadas finas de pan
  tostado
una pizca de mantequilla

Encender el horno a 200 ºC.

Preparar las becadas, bridarlas o atarlas con liz (hilo de cocina) y salpimentarlas.

En una olla ancha y baja o en una sartén antiadherente, calentar una pizca de mantequilla y la grasa de jamón, para que se funda.

Entonces, introducir las becadas y dorarlas generosamente por todas sus caras, añadiendo las anchoas picadas, para que se deshagan en la grasa.

Rociarlas con el jugo de cocción por todos los lados durante 3 minutos.

Retirarlas del fuego y dejarlas reposar 5 minutos cubiertas con un plato.

Después, trincharlas sobre la tabla con ayuda de un cuchillo afilado, separando la cabeza de las patas y las pechugas.

BECADAS ASADAS TRADICIONALES

Partir las cabezas en dos y reservarlas también.

Meter las dos carcasas peladas en la sartén en la que soasamos las becadas y hornearlas 10 minutos más para que las tripas se cocinen.

Entonces, sacar las carcasas del horno y retirar las tripas con una cuchara, ponerlas en un colador con la terrina de foie gras para hacer una pasta apetitosa que extenderemos sobre las tostadas.

Trocear en pedazos menudos las carcasas sobre la tabla, ponerlas de nuevo en la sartén, añadir el brandy y el caldo, y hervir unos minutos para hacer la salsa.

Colarla y ponerla a punto de sal y pimienta, añadir una pizca de mantequilla y unas gotas de brandy, batir con una pequeña varilla para hacer un jugo.

Para finalizar, poner al fuego una sartén pequeña con una pizca de mantequilla y dorar ligeramente la carne trinchada de las becadas asadas, por el lado de la piel, regando con sus jugos, sin que se seque.

Añadir las tostas a la sartén y las mitades de las cabezas, regándolas también con el jugo.

Salpimentar la carne de las becadas y servirlas sobre las tostadas, con la salsa y las mitades de cabezas.

Listo.

BOCADO DE LA REINA STROGONOFF

400 g de bocado de la
reina de ternera
2 chalotas
1 cucharada de mantequilla
2 dientes de ajo
250 g de champiñones
150 ml de nata líquida
1 cucharada de mostaza
de Dijon
un ramillete de perejil

Cortar la carne en tiras anchas con ayuda de un cuchillo afilado y salpimentarla.

Picar las chalotas finamente sobre la tabla.

En una sartén muy caliente con aceite, dorar las tiras de carne, reservarlas en una fuente.

En la misma sartén añadir una pizca de mantequilla y las chalotas, sofreírlas para que se empapen de los jugos que ha dejado la carne.

Mientras, limpiar los champiñones bajo el agua, secándolos perfectamente. Trocearlos en cuartos, si son pequeños, o en láminas, si son más grandes. Añadirlos sobre el sofrito de chalotas y salpimentar, remover para rehogarlos bien.

Picar el perejil. Incorporar el ajo machacado sobre los champiñones, el perejil, la nata y la mostaza, mezclando con una cuchara a fuego suave mientras la salsa hierve y espesa.

Finalmente, poner de nuevo la carne en la sartén con la salsa, remover cuidadosamente y salpimentar, teniendo cuidado de que no se seque, justo el tiempo necesario para volver a calentarla.

Rectificar la sazón.

Listo.

BROCHETAS DE CERDO Y ALBARICOQUE

400 g de cabezada de
cerdo fresca en dados
menudos
albaricoques secos
remojados en zumo de
naranja
1 ramita de romero
2 dientes de ajo
2 cucharadas de aceite
de sésamo
2 cucharadas de aceite
de oliva
1 mandarina
una pizca de mostaza
un chorrito de aceite
unas gotas de vinagre
de Jerez
un puñado de tomates
cereza
un puñado de picos de pan
1 bolsa pequeña de
canónigos limpios
un trozo de queso feta
sal

Ensartar la carne en brochetas con los albaricoques remojados y meterlas todas en una bolsa de plástico alimentario.

Majar en el mortero el romero, el ajo y la sal.

Añadir aceite de sésamo, el zumo del remojo de los albaricoques y aceite de oliva.

Verter el aliño sobre las brochetas metidas en la bolsa y ponerla en la nevera un buen rato.

Pasado el tiempo de marinado, sacar las brochetas de la bolsa y secarlas con papel antes de asarlas en la sartén.

Mientras se doran, poner la ralladura y el zumo de la mandarina en un bol, añadir la mostaza, el aceite, el vinagre y los tomates cereza partidos en dos, mezclar perfectamente.

Añadir los picos de pan rotos con las manos, remover e incorporar los canónigos y el queso feta para completar la ensalada.

Servirla con las brochetas calientes.

Listo.

COCHINILLO ASADO

1 cochinillo limpio de 5 kg
1 vaso de agua
1 cabeza de ajos
sal y flor de sal

Para la vinagreta de ajo
asado y queso azul
120 ml de aceite de oliva
40 ml de vinagre de Jerez
100 g de queso azul
1 cucharada de puré de
   ajos asados
sal

Además
1 bol de escarola fresca

Calentar el horno a 180 °C

Partir el cochinillo en canal y en dos mitades, a lo largo.

Salar el cochinillo solo por el lado interior de la carne.

Colocarlo en una bandeja de horno con la piel hacia abajo y con las orejas y el rabo envueltos con papel de aluminio para que no se nos quemen al asarlo.

Añadir el vaso de agua en la bandeja y asarlo durante 2 horas, mojándolo cada 15 minutos con el jugo de cocción que va soltando.

COCHINILLO ASADO

Pasada la primera hora, dar la vuelta al cochinillo cuidadosamente, incorporar la cabeza de ajos y dejarla hasta que termine el asado.

Seguir asando otra hora más, continuar con la técnica de regarlo cada 15 minutos, añadiendo un poco más de agua si hiciese falta y se secara el fondo.

Regarlo siempre para que se mantenga hidratado y jugoso.

Los últimos 20 minutos, subir la temperatura del horno a 200 °C, salar con la flor de sal sobre la piel y no regarlo más hasta el final de la cocción, para que quede bien crujiente y con un buen tono dorado.

Para hacer la vinagreta, recuperar la pulpa de la cabeza de ajos asados y colocarla en un vaso de túrmix con el queso azul y el vinagre de Jerez, añadir el aceite de oliva poco a poco y triturar perfectamente.

Poner a punto de sal y reservarla.

Finalmente, acompañar el cochinillo con una ensalada de escarola fresca aliñada con la vinagreta de ajo asado y queso azul recién hecha.

Listo.

CODORNICES CON SALSA DE VINO TINTO

8 codornices limpias
500 g de cebolla
1 zanahoria
1 hoja de laurel
600 ml de vino tinto
2 cucharadas de aceite
   de oliva virgen extra
175 g de jamón ibérico
   muy picado
2 cucharadas de brandy
800 ml de caldo de carne
1 rama de tomillo
sal y pimienta recién
   molida

Cortar las cebollas en tiras finas y la zanahoria en rodajas.

Salpimentar las codornices y colocarlas en un puchero junto con la verdura troceada, la hoja de laurel y el vino tinto, dejar marinar 12 horas. Transcurrido este tiempo, escurrir las codornices de la marinada, colar el líquido y reservar las verduras y el vino.

En una olla amplia, dorar las codornices a fuego vivo con las cucharadas de aceite de oliva, tostar bien todas sus caras. Cuando estén doradas, retirarlas de la cazuela y sofreír el jamón ibérico, retirarlo cuando esté sofrito.

Con la grasa que haya soltado el jamón, sin añadir más aceite, sofreír la cebolla y la zanahoria reservadas. Añadir el brandy y flamear, verter el vino tinto reservado y dejar reducir a fuego suave hasta que se evapore una tercera parte del volumen total. Agregar el caldo de carne y reducir nuevamente una tercera parte.

Triturar la salsa con la ayuda del túrmix o de un vaso americano a máxima potencia, rectificar la sazón. Ponerla en una cazuela y sumergir en ella las codornices, la rama de tomillo y el jamón picado reservado, guisar suavemente el conjunto durante 15 minutos. Pasado el tiempo de cocción, rectificar de nuevo la sazón y salpimentar si fuera necesario.

Listo.

Este guiso mejora dejándolo en reposo un par de días y volviéndolo a calentar, pues la salsa se asienta y la carne coge su punto. Podemos guarnecerlo con pequeñas zanahorias tiernas cocidas en agua durante 2 minutos y sumergidas en el último momento en la salsa.

CORDERO CON HONGOS Y AJOS

1,5 kg de paletilla de cordero lechal en trozos medianos
1 cebolla grande
500 g de hongos prietos (*Boletus edulis*)
3 dientes de ajo
6 pimientos choriceros secos, abiertos y remojados en agua
una pizca de harina
50 ml de vino blanco
2 tomates maduros
25 dientes de ajo pelados
un trozo de tocino de jamón
una ramita de romero
1 cucharada de miel
un ramillete de perejil

Dorar en una olla amplia los pedazos de cordero bien salpimentados, dando vueltas para que se tuesten por todos sus lados.

Mientas, picar la cebolla muy menuda y limpiar los hongos con cuidado.

Las setas pueden limpiarse ligeramente con un poco de agua o un trapo humedecido, eliminándoles todo rastro de arena o tierra que puedan tener.

Una vez que el cordero esté bien rubio, escurrirlo y reservarlo en un plato.

Si la carne suelta mucha grasa, eliminar el exceso y sobre ese fondo bien caliente, añadir la cebolla, los ajos machados o picados, los pimientos choriceros remojados enteros y una pizca de sal, sofreír durante 20 minutos.

Entonces, añadir la harina, el cordero reservado, el vino blanco, la pulpa de los tomates maduros rallados y una pizca de sal.

CORDERO CON HONGOS Y AJOS

Tapar la cazuela dejando un hueco destapado y guisar durante 1 hora aproximadamente a fuego suave.

Mientras, cubrir los dientes de ajo con aceite de oliva en un cazo pequeño, añadir el tocino, la rama de romero y confitarlos a fuego suave durante unos 20 minutos.

Una vez confitados, apartar el cazo con los ajos del fuego, sin escurrirlos.

Cuando haya finalizado el tiempo de guisado del cordero, con ayuda de una espumadera retirar los pedazos de cordero y reservarlos en un plato.

Triturar la salsa con ayuda de un túrmix o un pasapurés, dejándola bien fina.

Escurrir los ajos confitados.

Juntar en una olla la carne reservada, la salsa puesta a punto y añadirle la miel, rectificar la sazón y darle un último hervor.

Aparte, en una sartén antiadherente, dorar los hongos fileteados con unas gotas de la grasa de confitar los ajos y salpimentarlos.

Una vez dorados, añadir los ajos confitados y escurridos y el perejil picado.

Añadir la guarnición sobre el cordero estofado y darle al conjunto un ligero hervor.

Listo.

MORROS EN SALSA ESTILO HILARIO ARBELAITZ

2 morros de ternera frescos
   y limpios
1 cebolla entera
1 cabeza de ajos
1 zanahoria
1 puerro
2 tomates maduros
un puñado de tallos
   de perejil
½ vaso de vino blanco
5 cebollas grandes picadas
harina y huevo batido para
   rebozar

Limpiar los morros en agua fría.

Blanquearlos en agua hirviendo, es decir, meterlos en agua hirviendo y escurrirlos en cuanto el agua vuelva a hervir.

Entonces, enfriarlos y afeitarlos con una maquinilla de afeitar, para eliminar todos los pelos que puedan tener.

Una vez limpios, cubrirlos con agua en una olla bien ancha y meter una cebolla entera, la cabeza de ajos entera y lavada, la zanahoria, el puerro, los tomates, el puñado de tallos perejil atados, sal y el vino blanco. Cocer a fuego suave durante 3 horas en una olla tapada.

Si empleamos la olla rápida para hacerlo, serán suficientes unos 90 minutos.

Mientras, en una cazuela a fuego muy suave sofreír las 5 cebollas picadas con un buen fondo de aceite de oliva y sal, guisarla hasta que quede bien oscura y pochada, sin que se queme.

Para la receta del puré de coliflor y curry, véase p. 96.

MORROS EN SALSA ESTILO HILARIO ARBELAITZ

Cuando los morros estén cocidos y al clavarles una puntilla esta no ofrezca resistencia, escurrirlos del caldo y dejarlos enfriar.

Colar el caldo de cocción.

Entonces, añadir una pizca de harina al sofrito de cebolla y remover.

Añadir el caldo de cocción de los morros hasta cubrir y dejar guisar la salsa un buen rato, al menos 25 minutos.

Mientras, trocear los morros con un cuchillo en pedazos menudos y quitarles todo tipo de cartílagos o grasa.

Enharinar los pedazos de morro, pasarlos por huevo batido y freírlos en una sartén con abundante aceite de oliva, hasta que se doren por todos sus lados.

Escurrirlos sobre papel de cocina para quitarles el exceso de grasa y una vez que podamos coger los pedazos con las manos, quitarles todas las rebabas del huevo de la fritura.

Triturar la salsa hasta que quede bien fina y colarla, darle de nuevo un hervor en una cazuela ancha y baja, rectificar la sazón y añadir más caldo de cocción de los morros, si estuviera muy espesa.

Sumergir los pedazos de morro de ternera rebozados en la salsa y cocerlos a fuego muy suave unos 20 minutos más, para que la cazuela quede bien uniforme y se integren los sabores correctamente.

Volver a rectificar la sazón.

Listo.

Guardar el guiso un par de días en la nevera antes de volver a calentar para comerlo.

PALOMAS GUISADAS

6 palomas desplumadas
  y evisceradas
2 cebolletas
2 chalotas hermosas
2 tomates
2 zanahorias
1 manojo de tallos de
  perejil
1 atadillo de tomillo,
  romero y salvia
1 cabeza de ajos
1 botella de vino tinto
1 chorrito de vinagre
  de Jerez
aceite de oliva virgen extra
una pizca de mantequilla
2 chorros de brandy
8 granos de pimienta negra
2 clavos de olor
2 bayas de enebro
1 manzana reineta
1 onza de chocolate negro
una pizca de mantequilla

Bridar las palomas, es decir, atarlas con liz para que queden bien sujetas.

Colocar las palomas con las pechugas hacia abajo en un bol.

Trocear la verdura en pedazos hermosos y colocarla sobre las palomas.

Añadir el atadillo de perejil y hierbas y los dientes sueltos de la cabeza de ajos.

Cubrir con el vino, el vinagre y un poco de aceite.

Dejarlas reposar unas horas en la nevera bien cubiertas.

Pasado el tiempo de reposo, escurrir las palomas, colar la marinada en una cazuela y ponerla a hervir.

Reservar la verdura en el colador.

___

Para la receta del puré de col, véase p. 94.

PALOMAS
GUISADAS

En una olla ancha y alta, dorar las palomas con mantequilla y una pizca de aceite.

En cuanto se doren bien, rociarlas con el brandy para hacer el fondo más dorado y apetitoso aún.

Retirar las palomas, añadir las especias majadas en el mortero y dorarlas, incorporar la manzana troceada y la onza de chocolate.

Rehogar unos minutos y añadir la verdura reservada en el colador, pocharla unos 20 minutos.

Entonces, incorporar las palomas anteriormente doradas y cubrirlas con el líquido de la marinada, rectificar de sal.

Guisar con la olla tapada a fuego lento hasta que estén tiernas, durante 90 minutos aproximadamente.

Para comprobar si están hechas, las patas deben estar tiernas, es importante mirar pieza a pieza.

Una vez hechas, sacar las palomas de la cazuela y triturar la salsa, dejándola bien fina.

Cuando las palomas estén templadas y podamos manipularlas con las manos, partirlas a lo largo en dos, volver a meterlas de nuevo en la salsa.

Añadir una pizca de mantequilla y un último chorrito de brandy y pimentarlas generosamente.

Listo.

Guardar el guiso un par de días en frío antes de volver a calentar para comerlo.

PERDICES
EN ESCABECHE

6 perdices limpias, desplumadas y evisceradas
600 ml de aceite oliva virgen
20 dientes de ajo con piel
2 hojas de laurel
250 g de cebolleta picada
300 g de puerro picado
120 g de apio en dados
150 g de zanahoria laminada
600 ml de vino blanco
500 ml de vinagre de Jerez
1 l de agua
1 atadillo de romero, salvia y tomillo

un puñado de escarola limpia
2 patatas cocidas peladas

Salpimentar las perdices y bridarlas, atándolas con liz para que queden bien sujetas.

Poner el aceite en un cazo y confitar los ajos y la hoja de laurel a fuego muy suave, hasta que se aromatice y los dientes de ajo queden tiernos.

Mientras, en una olla en la que quepan justas las perdices, pochar la cebolleta, el puerro, el apio y la zanahoria.

En una sartén con aceite, dorar las perdices por todos sus lados.

Hacer el atadillo de hierbas.

En la olla de las verduras pochadas, acomodar las perdices con la pechuga hacia abajo.

Regar con el vino, el vinagre, el agua, el aceite confitado y el atadillo.

Al primer hervor, apagar y retirar la olla del fuego.

Dejar enfriar en la misma olla y dejar reposar el escabeche al menos 24 horas.

Para servirlo, partir en dos cada perdiz con la tijera y presentarla con la verdura del escabeche escurrida, guarnecida con la escarola y las patatas cocidas cortadas en rodajas.

Listo.

POLLO DE CASERÍO GUISADO

2 kg de cebollas tiernas
4 pimientos verdes grandes
1 pollo de caserío de 2,5 kg
    troceado para guisar
1 cabeza de ajos
una pizca de tomillo
1 botella de vino fino
    de Jerez
100 ml de brandy
½ l de agua
aceite de oliva
mandarinas

En una cazuela ancha y baja sofreír las cebollas y los pimientos picados con aceite de oliva y sal, al menos durante 3 horas, sin que coja mucho color y a fuego muy pausado.

La clave de este pollo es la cocción prolongada del sofrito, para que la salsa sea oscura, untuosa y sabrosa.

Mientras, salpimentar los pedazos de pollo y refregarlos con abundante aceite de oliva, la cabeza de ajos partida en dos y un pellizco de tomillo fresco.

Meter el pollo en la nevera mientras se pocha la cebolla.

Entonces, escurrir el pollo y dorarlo en abundante aceite de oliva en una cazuela, dorando los pedazos por todos los lados.

Desgrasar bien la cazuela si se acumula demasiado aceite en el fondo y colocar de nuevo el pollo rustido, cubrirlo con la cebolla muy pochada, el vino de Jerez, el brandy y el agua.

Tapar la cazuela y guisar 2 horas a fuego muy suave.

Pasado este tiempo, escurrir los pedazos de pollo y reducir la salsa al fuego, para que se concentre el sabor.

Triturar la salsa, pasarla por un colador muy fino y meterla en la cazuela con los pedazos de pollo escurridos y las mandarinas para decorar.

Darle un hervor al conjunto y rectificar de nuevo la sazón.

Listo.

POLLO CRUJIENTE
CON CHUTNEY

500 g de pechugas de pollo
aceite de oliva para freír

Para el chutney

60 g de cebolla roja picada
600 g de frutos rojos
   (frambuesas, moras,
   grosellas)
50 ml de vinagre de Jerez
60 g de mantequilla

Para el rebozado

4 huevos
200 g de harina
50 g de pan rallado
50 g de almendra molida
   o harina de almendra
50 g de queso parmesano
   rallado
50 g de jamón ibérico
   picado

Para el chutney, rehogar la cebolla roja en una cazuela pequeña junto con la mantequilla durante 4 minutos a fuego medio. Añadir la mezcla de frutos rojos y seguir cociendo durante 8 minutos más. Agregar el vinagre de Jerez y cocer a fuego suave durante 15 minutos hasta obtener una compota. Salpimentar y dejar enfriar.

Sacar las pechugas de pollo de la nevera un buen rato antes y cortarlas en filetes de medio grosor, sazonar.

Preparar los ingredientes para el rebozado en tres bandejas. En la primera pondremos la harina, en la segunda los huevos batidos ligeramente y en la tercera la mezcla de pan rallado, parmesano rallado, almendra molida y el jamón ibérico picado muy finamente.

Entonces, rebozar los filetes de pollo siguiendo ese orden, harina, huevo y la mezcla de pan rallado, queso rallado, almendra molida y jamón ibérico.

Calentar bien el aceite de oliva pero sin que humee y para comprobar que está caliente, echar una miga de pan. Cuando el pan se dore, el aceite estará a la temperatura indicada y podremos freír los filetes de pollo empanados. Freírlos ½ minuto por cada lado, para que queden jugosos y con un buen color dorado. Escurrirlos sobre un papel absorbente para eliminar el exceso de grasa y servirlos con el chutney.

Listo.

PRESA DE VACA A LA MOSTAZA

650 g de presa de vaca
20 cebollitas de platillo
    pequeñas peladas
un pellizco de mantequilla
una pizca de azúcar
agua

Salsa de mostaza
10 granos de pimienta
    negra
10 semillas de cilantro
3 chalotas picadas
un chorrito de vino blanco
2 dientes de ajo con su piel
300 ml de jugo de carne
200 ml de nata líquida
2 cucharadas de mostaza
    tipo Dijon
dos pellizcos de
    mantequilla
3 dientes de ajo
1 cucharada de mostaza
    en grano
2 cucharadas de nata
    montada sin azucarar

PRESA DE VACA
A LA MOSTAZA

En una cazuela ancha y baja o en una sartén antiadherente a fuego suave, poner las cebollitas, la mantequilla y el azúcar.

Entonces, cubrirlas con agua y cocinarlas durante 15 minutos hasta que se caramelicen y ofrezcan un aspecto apetitoso. Reservar.

Para hacer la salsa, romper en el mortero la pimienta y las semillas de cilantro.

En una sartén o una cazuela ancha y baja, sofreír las chalotas con aceite y otro pellizco de mantequilla.

Añadir el vino blanco, las especias majadas, los ajos aplastados con su piel y dejar reducir para empezar a elaborar la salsa.

Añadir el jugo de carne, la nata y la mostaza de Dijon, cocer unos 2 minutos más.

Mientras, sobre la tabla y con ayuda de un cuchillo afilado, cortar la presa en escalopes medianos y salpimentarlos generosamente.

Colar la salsa y reservarla en un cazo amplio.

En una sartén con aceite y una pizca de mantequilla, dorar a fuego vivo los escalopes con los 3 dientes de ajo aplastados, durante 1 minuto aproximadamente.

Escurrir los escalopes y meterlos en la salsa de mostaza.

Ligar la salsa con la mostaza en grano y la nata montada.

Rectificar la sazón salpimentando.

Colocar por encima de la carne las cebollitas glaseadas reservadas.

Listo.

PULARDA ASADA EN SU JUGO

Jugo de asado

2 cucharadas de grasa
  de pato
los cuellos y las puntas
  de la pularda troceados
2 carcasas de pularda
  troceadas en pedazos
  menudos
2 chalotas picadas
1 blanco de puerro
6 dientes de ajo con su piel
una pizca de harina
un chorrito de vinagre
  de Jerez
1 vaso de vino tinto

1 pularda limpia de 1,5 kg
6 cucharadas de
  mantequilla
4 dientes de ajo con su piel
4 ramitas de tomillo fresco
3 patatas hermosas
  peladas
4 dientes de ajo con su piel
un pedazo de terrina de
  foie gras hecha puré
una pizca de mantequilla
  fría
un chorrito de brandy
un ramillete grande de
  romero, salvia y tomillo

Encender el horno a 200 °C.

En una olla con la grasa de pato, tostar las carcasas de pularda a fuego medio, hasta que queden bien rustidas.

Entonces, añadir las chalotas, el puerro picado, los 6 dientes de ajo y la harina, sofreír unos 2 minutos.

Añadir el vinagre y reducir a seco.

Cuando el vinagre se haya reducido totalmente, añadir el vino y reducir unos minutos.

Finalmente, mojar con agua caliente hasta cubrir y hervir unos 35 o 40 minutos

Abrir la pularda por la mitad para que quede plana, como un libro, preparada en *crapaudine*.

Esta operación nos la puede hacer el carnicero, más habilidoso con los cuchillos.

PULARDA ASADA
EN SU JUGO

En una cazuela o una olla ancha y baja con una pizca de mantequilla, dorar los 4 ajos aplastados y la pularda abierta por el lado de la piel.

Rustirla bien y rociarla con su grasa, añadir las ramitas de tomillo.

Entonces, meterla en el horno en el mismo recipiente durante 25 minutos, con la piel para abajo.

Pasado el tiempo de cocción, darle la vuelta y asarla 25 minutos más.

Cortar las patatas en rodajas finas con la mandolina, lavarlas, secarlas y freírlas en abundante aceite de oliva junto a los 4 dientes de ajo.

Escurrirlas y tenerlas listas para la guarnición.

Transcurrido el tiempo de asado, colocar la pularda sobre una rejilla y dejarla reposar tapada con papel de aluminio. Colar el jugo en un cazo pequeño.

Poner el cazo al fuego y ligar el jugo de pularda con el foie gras, la mantequilla y el brandy, sazonar con pimenta generosamente.

Trinchar la pularda sobre la tabla y salpimentar los pedazos.

Decorar con el ramillete de hierbas frescas, formando un atadillo y servir la pularda con la salsa ligada.

Acompañar con las patatas fritas.

Listo.

RABO GUISADO

1 botella de vino blanco
2 cebollas
2 zanahorias
4 chalotas
5 dientes de ajo
hierbas aromáticas (perejil,
    salvia, romero y tomillo)
1 rabo grande de vaca
    troceado
harina
50 g de mantequilla
un chorrito de brandy

Hervir el vino en un cazo a fuego suave, para eliminar el alcohol y disminuir la acidez de la salsa.

Trocear las verduras y sofreírlas en una olla amplia con los ajos machacados, un buen chorro de aceite de oliva y sal.

Hacer un atadillo con las hierbas lavadas en agua, bien sujetas con liz y añadirlo al sofrito.

Mientras, salpimentar el rabo, enharinarlo generosamente y dorarlo en una sartén con aceite de oliva puesta al fuego. Conforme se van dorando los pedazos de carne, ir incorporándolos al sofrito, removiendo el guiso. Cuando estén todos los pedazos en el fondo de verduras, añadir el vino hervido, cubrir con agua y en cuanto levante el hervor, salpimentar con generosidad. Tapar y guisar 2 horas hasta que la carne se despegue del hueso.

Una vez acabado el guiso, escurrir los pedazos de carne, ponerlos en una bandeja y triturar la salsa con el túrmix, teniendo antes la precaución de retirar el atadillo.

Pasar la salsa por un colador fino, ponerla en una cazuela, añadir la mantequilla, dejar hervir suavemente, salpimentar y verter el brandy.

Entonces, incorporar el rabo tierno a la cazuela y hervir suavemente unos minutos, para que se integre bien en la salsa.

Rectificar de nuevo la sazón.

Listo.

REDONDO
DE TERNERA

1 redondo de ternera
4 cebollas
2 dientes de ajo
2 zanahorias
un ramillete de perejil
   y romero
3 clavos de olor
una pizca de guindilla
un puñado de hongos
   secos en láminas
un trozo de cáscara de
   limón
1 vaso de vino blanco
un buen chorro de brandy
1 vaso de agua

Atar la carne con liz y salpimentarla sobre la mesa de trabajo. Dorarla en una olla rápida o en una cazuela con aceite de oliva, escurrirla y reservarla.

Trocear las verduras y rehogarlas en la cazuela, añadir el ramillete de hierbas, el clavo, la guindilla, los hongos y la cáscara de limón. Remover el sofrito para que adquiera un punto apetitoso. Entonces, poner de nuevo el redondo de ternera en el fondo rustido, mojar con el vino y el brandy y dejar reducir ligeramente. Añadir agua casi hasta cubrir la carne, cerrar la olla y guisar a fuego muy suave 50 minutos aproximadamente.

Si lo hacemos en una olla tradicional, necesitaremos un par de horas. Pasado el tiempo de cocción, escurrir la carne y pincharla para saber si está tierna con ayuda de un cuchillo afilado o una brocheta, que debe hundirse sin ofrecer resistencia.

Dejar enfriar la carne para cortarla más fácilmente.

Mientras, triturar la salsa con un túrmix y pasarla a través de un colador fino.

Una vez la carne esté fría, cortarla en escalopes finos con ayuda de un cuchillo de sierra. Sumergir la carne en la salsa y darle un hervor final. Rectificar la sazón.

Listo.

SOLOMILLO MARILÉN

1 centro de solomillo
  de 1,5 kg
1 taza de salsa de soja
un buen chorro de salsa
  Worcestershire
8 dientes de ajo con piel
8 cucharadas de
  mantequilla
un buen chorro de whisky
un buen chorro de aceite
  de oliva
6 chalotas picadas
6 dientes de ajo picados
1 hojita de laurel
2 cucharadas de pimienta
  negra en grano
  machacada
un pellizco de harina
1 vaso de vino tinto
perejil fresco
estragón fresco
salvia fresca
1 limón

Hacer unos ligeros cortes al solomillo cada 5 cm, para evitar que se curve al asar.

Atar la pieza de carne con liz para sujetarla bien.

Meterla en un recipiente estrecho y rociarla con las salsas de soja y Worcestershire.

Tenerla sumergida en las salsas 1 hora como mínimo, dándole vueltas para que se empape bien y sin meterla en la nevera.

Escurrir, secar bien con un trapo y dorar la carne con aceite en una olla por todos sus lados.

Guardar el jugo de la marinada.

SOLOMILLO MARILÉN

Una vez dorada, bajar el fuego y añadir los ajos con piel y 4 cucharadas de mantequilla.

Cocer 10 minutos por cada lado a fuego suave, siempre con la tapa puesta.

Rociar la carne con los jugos de cocción con una cuchara.

Unos minutos antes de terminar, rociar con el whisky y pegarle fuego.

Sacar el solomillo de la olla y dejarlo reposar en una rejilla, tapado con papel de aluminio.

En la misma olla, sofreír en la mantequilla restante las chalotas, los ajos picados, el laurel, la pimenta machacada en el mortero y la harina.

Verter el vino y dejar reducir, incorporando el jugo de la marinada.

Reducir el jugo hasta que espese un poco.

Picar toscamente las hierbas.

Colar la salsa y ponerla en un cazo limpio. Añadirle las hierbas picadas, un hilo de aceite crudo, el zumo y la ralladura de limón.

Llevar el solomillo a la mesa sobre una tabla para trincharlo.

Listo.

Al cortar la carne, los jugos que suelta se añaden a la salsa. Si alguno quiere la carne más pasada, se introduce unos minutos en la salsa caliente y listo.
No se echa sal en todo el proceso porque la salsa de soja sazona suficiente.

La cocina española se tiñe de blanco, rojo, negro y verde, que son los cuatro colores representativos de nuestras salsas más celebradas: el inmaculado pilpil del bacalao, la vizcaína elaborada con pimientos choriceros secos, la tradicional salsa de tinta de chipirón fresco y la emulsión de ajos, aceite de oliva, caldo de pescado y perejil en la que bucean nuestros mejores lomos de merluza del Cantábrico. Pero existen otras salsas tan sabrosas como características y en este capítulo encontraréis una pequeña selección con la que seguiréis disfrutando.

SALSAS

SALSA AMERICANA

1 kg de cabezas de marisco congeladas
4 dientes de ajo
un ramillete de perejil
1 zanahoria picada
2 cebolletas picadas
una pizca de arroz
2 tomates frescos
2 cucharadas de tomate concentrado
1 tarro de salsa de tomate
un chorrito de vino blanco
un chorrito de brandy
un chorrito de vermú blanco
2 l de agua
un pellizco de mantequilla

Poner en una olla las cabezas de marisco con un buen fondo de aceite de oliva, dorarlas bien para que cojan buen aspecto.

Mientras, majar en un mortero el ajo con el perejil y añadirlo a la olla para que se sofría bien con los jugos de las cabezas.

Aplastar las cabezas de marisco de la cazuela con la mano del mortero, para que salgan los jugos y se frían bien.

Añadir la zanahoria, las cebolletas, el arroz y sofreír.

Añadir los tomates troceados, el tomate concentrado, la salsa de tomate y seguir guisando 20 minutos.

Añadir el vino, el brandy y el vermú, dejar reducir 10 minutos más.

Finalmente, mojar con el agua caliente y cocer otros 25 minutos.

Triturar y colar la salsa dejándola bien fina.

Ligar la salsa al fuego con un pellizco de mantequilla y salpimentar.

Listo.

SALSA BEARNESA RÁPIDA

4 yemas de huevo
1 huevo
4 cucharadas de nata
   doble o yogur
un buen chorro de vinagre
   de sidra
1 gota de salsa picante
150 g de mantequilla fría
   en dados
estragón fresco

En un bol sobre un baño maría caliente, mezclar las yemas con la nata, el vinagre, la salsa picante y la sal.

Batir con unas varillas hasta que la mezcla vaya espesando.

Entonces, añadir la mantequilla poco a poco, sin dejar de batir.

Fuera del fuego, con la salsa ya espesa, añadir el estragón picado con tijera y salpimentar.

Listo.

Esta salsa es extraordinaria con verduras hervidas o carnes y pescados asados.

SALSA DE OLIVAS

350 g de olivas negras y
verdes deshuesadas

4 dientes de ajo pelados

2 cucharadas de alcaparras

8 filetes de anchoa en
salazón

200 ml de aceite de oliva
virgen extra

En una batidora, triturar las olivas con los ajos, las alcaparras
y las anchoas.

Añadir la mitad del aceite de oliva y triturar a velocidad
media, incorporar poco a poco el aceite de oliva restante.

Guardar la salsa en un tarro bien tapado.

Listo.

SALSA RÁPIDA AL VINO TINTO

2 chalotas picadas
un pedazo de tuétano
de vaca
una pizca de perejil, tomillo
y laurel
una pizca de harina
300 ml de vino tinto
100 g de mantequilla
1 limón
unas gotas de brandy

En una olla con un poco de aceite de oliva, sofreír la chalota con el tuétano a fuego suave.

Hacer el ramillete de hierbas y añadirlo a la olla, bien atado con hilo de cocina.

Añadir la harina y sofreírla 1 minuto.

Verter el vino y dejarlo reducir a la mitad.

Colar el jugo resultante y ponerlo en una cacerola. Sin dejar de batir con unas varillas, añadir la mantequilla poco a poco para ligar la salsa.

Al final, añadir la ralladura de limón, una pizca de zumo y unas gotas de brandy.

Listo.

Para acompañar pescados o carnes rojas.

VINAGRETA DE TOMATE

6 tomates en rama
  maduros

2 chalotas

1 diente ajo

1 cucharada de mostaza
  de Dijon

dos ramas de albahaca
  picadas

100 ml de vinagre de Jerez

70 ml de aceite de oliva
  virgen extra

sal y pimienta

Lavar y cortar cada tomate en 6 u 8 trozos.

Laminar el ajo y picar las chalotas con ayuda de un cuchillo bien afilado.

Triturar en un vaso americano o con un túrmix el tomate, el ajo, las chalotas, la albahaca y la mostaza.

Agregar poco a poco el aceite para que emulsione y acabar con el vinagre, salpimentar.

Pasar toda la mezcla por un colador fino apretando bien y probar, por si hubiera que rectificar la sazón.

Listo.

Esta vinagreta sirve para acompañar un pescado asado o incluso un salmón ahumado. Puede servirse también con unos tomates cereza y unas hojas de albahaca, aliñados como una ensalada en un cuenco de cristal.

A nadie le amarga un dulce, así que me he propuesto una selección de recetas para que el fin de fiesta culmine con éxito y buen sabor de boca. Encontraréis frituras ligeras, cremas cuajadas en el horno, clásicos bizcochos de miga esponjosa, tartas con diferentes rellenos de intenso sabor y postres ligeros y refrescantes montados en copas que son el mejor contrapunto para cualquier festín que se precie. Los que me conocen saben que soy un entusiasta del azúcar y del rigor que la elaboración de una buena pastelería o bombonería requieren para alcanzar la excelencia.

POSTRES

BUÑUELOS DE VIENTO

250 ml de agua
2 vainas de vainilla
1 rama de canela
1 limón
150 g de mantequilla
200 g de harina
1 cucharada de azúcar
una pizca de sal
7 huevos pequeños
azúcar para rebozar
1 manga con crema
   pastelera

Hervir el agua con la vainilla abierta por la mitad y con las semillas rascadas, la canela y la cáscara de limón rallada. Retirarla del fuego y dejarla enfriar en infusión tapada para que coja todo el sabor. Podemos guardarla en la nevera unas 6 u 8 horas y así los buñuelos serán más sabrosos.

Pasado el tiempo de infusión, colar el agua y ponerla de nuevo al fuego a hervir. Cuando hierva, añadir la mantequilla y retirarla del fuego. Agregar de un golpe la harina, el azúcar y la sal, removiendo con una espátula de madera.

Si tenemos una amasadora eléctrica, pasar la mezcla al bol del robot y amasar con el gancho hasta que se enfríe totalmente. Si no disponemos de amasadora, lo podemos hacer a mano con una cuchara de madera. Añadir los huevos de uno en uno, hasta conseguir una masa no muy blanda.

Con la ayuda de unas cucharas coger pequeñas porciones de la masa y freírlas en un baño de aceite de oliva bien caliente, en una sartén amplia. Escurrir los buñuelos sobre un papel absorbente una vez bien dorados.

Pasar algunos buñuelos por azúcar, y otros rellenarlos con la manga de crema pastelera bien fría.

Listo.

COPA IRLANDESA

250 ml de leche entera
250 ml de nata líquida
5 yemas de huevo
85 g de azúcar
1 cucharada sopera
  de whisky (10 g)
15 g de café soluble

Para el granizado de whisky
y café
350 ml de agua mineral
150 ml de café
100 g de azúcar
70 ml de whisky
1 hoja de gelatina

Además
100 g de nata montada
1 cucharada de azúcar glas
ralladura de naranja

Precalentar el horno a 80 °C.

Mezclar la leche con la nata en un cazo y llevarlo a ebullición. Retirar del fuego, añadirle el café soluble y dejar infusionar durante 15 minutos.

Mezclar las yemas con el azúcar en un recipiente, sin batir. Pasado el tiempo de infusión, agregar la mezcla de leche y nata sobre las yemas y el azúcar (debe estar fría para que las yemas no se cuajen), mezclar bien y filtrar por un colador fino. Añadir la cucharada sopera de whisky y rellenar los vasitos con la preparación, hornear durante 1½ horas. Retirar del horno y dejar templar, enfriar en la nevera como mínimo 1 hora.

Para el granizado de whisky y café

Hidratar la hoja de gelatina con agua fría.

Mezclar el agua con el azúcar y el café y llevarlo a ebullición. Retirar del fuego, dejar templar y agregar la gelatina escurrida. Mezclar bien y dejar enfriar. Cuando la preparación este fría, añadir el whisky y volver a mezclar. Colocar en un recipiente y congelar. Cuando el granizado esté congelado raspar con la ayuda de un tenedor para sacar las escamas.

Preparar el chantillí mezclando la nata montada con el azúcar glas y la ralladura de naranja. Servir los vasitos con la crema, el chantillí y con una cucharada sopera de granizado de whisky y café.

Listo.

FLAN CON CREMA DE RON

Para el caramelo
200 g de azúcar
agua
1 limón

1 vaina de vainilla
1 l de leche
250 ml de nata líquida
300 g de azúcar
10 yemas de huevo
6 huevos enteros

Crema de ron
200 ml de nata líquida
30 g de azúcar de vainilla
un buen chorro de ron

Encender el horno a 150 °C.

Hervir en una sartén 200 g de azúcar con un poco de agua y el zumo de limón. Cuando el caramelo esté hecho, repartirlo en las flaneras con precaución de no quemarnos.

Preparar un baño maría con agua caliente.

Abrir la vaina de vainilla por la mitad, rascar las semillas y añadirlas a un bol. Hervir la leche, la nata y la rama de vainilla abierta. Añadir los 300 g de azúcar sobre las semillas de vainilla del bol, agregar también las yemas y los huevos, removiendo perfectamente con ayuda de unas varillas. Colar la leche y la nata tibias sobre la mezcla y remover sin agitar demasiado para que no se formen burbujas de aire.

Verter la crema en las flaneras con el caramelo y cocer en el horno al baño maría 1 hora aproximadamente. Cuando estén hechos, sacar los flanes del baño maría y dejarlos enfriar a temperatura ambiente.

Entonces, para preparar la crema de ron, poner la nata y el azúcar en un bol frío y montar un chantillí con las varillas. Por último aromatizar la nata batida con el ron y remover.

Desmoldar el flan y servirlo con la crema recién hecha.

Listo.

MAGDALENAS CASERAS

95 ml de aceite de girasol
95 ml de aceite de oliva
60 ml de leche
ralladura de 1 limón
210 g de harina
10 g de levadura en polvo
un pellizco de sal
125 g de huevos enteros
175 g de azúcar

Mezclar en una jarra los aceites con la leche y la ralladura de limón.

Tamizar la harina y juntarla con la levadura y la sal.

Batir en un bol los huevos con el azúcar, con ayuda de una batidora de varillas eléctrica. Cuando los huevos están blanqueados y toman el aspecto de una crema espesa, bajar la velocidad de la batidora y añadir la mezcla líquida de la jarra en hilo fino, poco a poco. Una vez incorporada, añadir la mezcla de harina y cuando esté toda en la masa, subir la velocidad de la batidora y batir 2 o 3 minutos más.

Repartir la masa en cápsulas de magdalena colocadas sobre una bandeja, con ayuda de una cuchara de helado. Meterlas en la nevera con la masa dentro y enfriarlas al menos 6 horas, aunque pueden dejarse toda una noche, para que al hornearse se desarrollen con potencia y bien derechas.

Antes de cocer las magdalenas, precalentar el horno a 220 °C. Hornear las cápsulas de magdalena durante 16 minutos aproximadamente.

Listo.

Antes de meterlas al horno
se pueden espolvorear con
azúcar glas, pero no
crecerán rectas.
Con estas cantidades salen
12 magdalenas de 55 g.

PLUM CAKE DE PLÁTANO Y PASAS AL RON

1 kg de plátano pelado
dos puñados de uvas pasas
  remojadas en ron
2 cucharadas de
  mantequilla
1 cucharada de miel
350 g de mantequilla
  blanda
250 g de azúcar glas
4 huevos
2 cucharaditas de levadura
  en polvo
250 g de harina
una pizca de sal

Encender el horno a 180 °C.

Untar un molde de plum cake con mantequilla y espolvorearlo con harina, sacudir el exceso.

Trocear el plátano en dados y dejar uno entero, partido en dos a lo largo.

En una sartén con las dos cucharadas de mantequilla saltear los dados de plátano a fuego fuerte, añadiendo las pasas escurridas y la miel.

Justo antes de sacarlo del fuego, añadir el ron y dejar que se evapore.

Retirar el salteado de plátano a un plato frío recién sacado del congelador para que no se recueza.

Mientras, mezclar en un bol la mantequilla blanda con el azúcar, los huevos añadidos de uno en uno, la levadura, la harina y la sal.

Añadir la fruta salteada y su jugo, mezclando perfectamente.

Introducir la mezcla en el molde, poner sobre la superficie las 2 mitades de plátanos con la parte plana hacia arriba.

Hornear 45 minutos o hasta que la superficie se dore y al pinchar con una aguja salga seca y sin rastro de masa cruda.

Esperar 10 minutos antes de desmoldarlo.

Listo.

POSTRE DE MELOCOTÓN Y MANGO

2 melocotones blancos
    maduros
½ mango
1 plátano
1 limón
un puñado de galletas de
    mantequilla gruesas
1 cucharada de licor
    de avellanas
200 ml de yogur batido
200 ml de cuajada de oveja
2 cucharadas de miel
2 cucharadas de sésamo
    tostado
2 cucharadas de cáscara
    de limón confitada

Pelar los melocotones, retirarles el hueso, partirlos en dados y meterlos en un bol.

Hacer lo mismo con el mango pelado, cortarlo en dados muy finos con ayuda de un cuchillo afilado, evitando el hueso central y añadirle el plátano también cortado, mezclarlo con los melocotones.

Aliñar la fruta mezclada con la ralladura de limón y su zumo, removiendo perfectamente.

Romper las galletas con las manos o con un cuchillo en pedazos gruesos, rociar con unas gotas de licor de avellanas.

Mezclar el yogur con la cuajada y la miel con ayuda de unas varillas y repartirlo en vasos de cristal o copas de postre.

Sobre la mezcla de yogur y cuajada, disponer una capa de fruta aliñada y colocar por encima los dados borrachos de galleta troceada toscamente.

Acabar con el sésamo tostado y la cáscara de limón confitada.

Listo.

SOPA DE CHOCOLATE CON GRANIZADO DE PERA Y FRUTA ESCARCHADA

Para el granizado de pera

500 ml de agua

200 g de azúcar

250 ml de aguardiente de pera

1 hoja de gelatina

Fruta escarchada

frutos rojos

claras de huevo batidas

azúcar normal

azúcar glas

Para la sopa

200 g de chocolate con leche

250 ml de leche

250 ml de nata líquida

2 ramas de canela

Para el granizado de pera, hervir el agua con el azúcar y en el momento que levante el hervor, añadir el aguardiente y retirar la mezcla del fuego.

Incorporar la hoja de gelatina previamente remojada y bien escurrida, y disolverla bien.

Echar la mezcla en una bandeja amplia y baja y meterla en el congelador para que cristalice.

SOPA DE CHOCOLATE CON GRANIZADO DE PERA Y FRUTA ESCARCHADA

Para la fruta escarchada, con ayuda de una brocha pequeña pintar los frutos rojos con la clara de huevo y espolvorearlos con el azúcar normal, para que se forme una costra dulce apetitosa.

Dejar la fruta toda una noche en la nevera para que se fije bien y haga una buena corteza.

Un momento antes de servirla, espolvorearla con el azúcar glas, para que quede bien chula.

Picar el chocolate con leche con un cuchillo o con la ayuda de un robot y colocarlo en una jarra, reservar.

En una cazuela puesta al fuego, hervir la leche y la nata junto con las dos ramas de canela rotas con las manos.

Cuando hierva la mezcla, retirarla del fuego y cubrir la cazuela con un plato, o mejor con papel film, dejarla en infusión al menos durante 15 minutos.

Pasado este tiempo, verter la mezcla colada y aún tibia sobre el chocolate picado de la jarra y mezclar bien con ayuda de unas varillas, o mejor, con el brazo de un túrmix a potencia baja.

Una vez la mezcla esté bien lisa y untuosa, verterla en copas o recipientes.

Sacar el granizado del congelador y rascar la superficie con las púas de un tenedor hasta obtener un granizado bien abundante.

Colocar el granizado sobre la sopa de chocolate y acompañarlo con las frutas rojas escarchadas como guarnición.

Listo.

TARTA
DE LIMÓN

Pasta azucarada

125 g de mantequilla en
   pomada
90 g de azúcar glas
30 g de harina de almendra
1 huevo
250 g de harina tamizada

Relleno

4 huevos
120 g de azúcar glas
200 ml de zumo de limón
100 g de mantequilla
   fundida

---

azúcar glas
1 limón
1 molde de tarta con fondo
   desmontable

TARTA
DE LIMÓN

Encender el horno a 150 °C.

Para la pasta azucarada, en un bol de batidora mezclar la mantequilla con el azúcar, la harina de almendra y el huevo, mezclar sin batir mucho, justo para que se amalgame.

Entonces, añadir la harina y hacer una bola, envolverla en papel film y dejar reposar 10 horas en la nevera.

Para el relleno, en el mismo bol de la batidora, batir los huevos con el azúcar y, sin dejar de batir, añadir el zumo de limón y la mantequilla fundida, guardar la mezcla en un bol a temperatura ambiente.

Cuando esté reposada, estirar la masa con un rodillo y forrar un molde.

Una vez forrado, pincharlo con las púas de un tenedor y cubrirlo con papel sulfurizado y garbanzos crudos, para que la masa no suba.

Meterla en la nevera unos 10 minutos antes de hornearla durante 15 minutos.

Una vez pasado este tiempo, retirar el papel y los garbanzos, verter la crema de limón anteriormente reservada sobre la tarta.

Subir la temperatura del horno a 180 °C.

Hornear la tarta hasta que se cuaje. Vigilar la cocción y retirar del horno cuando el interior esté tembloroso, como un flan.

Dejar que se enfríe completamente.

Para acabarla, espolvorear la superficie de la tarta con un poco de azúcar glas y tostar la superficie con la pala de caramelizar caliente.

Al final, rallar la cáscara de limón sobre la superficie dorada de la tarta.

Listo.

TARTA DE MANZANA

una nuez de mantequilla
1 cucharada de azúcar
   moreno
200 g de manzana reineta
   rallada con piel
1 vaina de vainilla
1 cucharada de ron
150 g de azúcar
250 g de mantequilla
   blanda
5 huevos
250 g de harina
10 g de levadura en polvo
una pizca de sal
1 limón rallado

Además
2 manzanas reineta
1 cucharada de azúcar
   moreno
una pizca de mantequilla
   en dados

Encender el horno a 170 °C.

Mientras, untar un molde con mantequilla y espolvorearlo con harina, retirar el exceso.

En una sartén antiadherente derretir la nuez de mantequilla, añadir el azúcar moreno y caramelizarlo ligeramente.

Saltear a fuego fuerte la manzana rallada en este fondo dulce y añadir la vainilla abierta en dos y con las semillas rascadas, verter el ron.

TARTA
DE MANZANA

Cuando la manzana adquiera un aspecto apetitoso y se dore ligeramente, escurrirla y reservarla en un plato.

En un bol amplio, mezclar el azúcar con la mantequilla con ayuda de unas varillas e incorporar los huevos batidos, de uno en uno.

En otro bol, mezclar la harina, la levadura, la sal y la ralladura de limón e incorporarlo todo a la masa húmeda anterior, añadir también la manzana salteada.

Mezclar perfectamente.

Introducir la masa en el molde, intentando no sobrepasar los tres cuartos de altura, y cubrirla con las 2 manzanas reineta cortadas en rodajas bien finas, con su piel.

Espolvorear la superficie con el azúcar moreno y un poco de mantequilla en dados.

Hornear durante 35 minutos.

Retirar la tarta del horno cuando al clavar un cuchillo salga seco sin rastro de masa húmeda.

Dejarla templar ligeramente antes de servirla.

Listo.

TARTA
DE PERA

Base de tarta

250 g de harina
175 g de mantequilla
    blanda
65 g de azúcar
1 yema de huevo
1 limón rallado
una pizca de sal
1 g de levadura en polvo
1 huevo

3 peras maduras
1 chorrito de brandy
30 g de almendra molida
150 g de mantequilla
80 g de azúcar
3 yemas de huevo

Amasar los ingredientes de la base de tarta en el recipiente de una batidora con el gancho, sin amasarlos demasiado.

Si no disponemos de amasadora eléctrica, podemos hacerlo en un bol a mano. Envolver la masa en papel film y meterla en la nevera.

Precalentar el horno a 200 °C.

Estirar la masa sobre la encimera con ayuda de un rodillo de pastelería. Forrar un molde de 22 cm con la masa de tarta. Cortar el exceso de masa de los bordes y dejarla lista.

Rallar las peras enteras dentro de un bol y regarlas con el brandy, añadir la almendra molida.

Colocar esta mezcla en el fondo de la tarta, sobre la masa recién estirada.

Aparte, derretir suavemente la mantequilla en un bol con ayuda del microondas e incorporar el azúcar y las yemas, batiendo hasta que quede una crema homogénea y lisa.

Cubrir la capa de peras del molde con esta crema y hornear la tarta durante 40 minutos aproximadamente o hasta que la crema cuaje y adquiera un aspecto apetitoso y dorado.

Retirarla del horno y enfriarla a temperatura ambiente.

Podemos espolvorearla con azúcar glas antes de servirla.

Listo.

TARTA DE QUESO Y CACAHUETES

Para la base

200 g de galletas de cereales
50 g de mantequilla blanda
100 g de chocolate negro 70 %
50 g de cacahuetes tostados
una pizca de sal

Para el relleno

150 g de queso crema a temperatura ambiente
200 ml de nata doble o espesa
3 huevos enteros
3 yemas de huevo
200 g de azúcar
100 g de mantequilla de cacahuete

Para la cobertura

250 ml de nata doble o espesa
100 g de chocolate con leche
30 g de azúcar moreno
una pizca de sal

Para hacer la base de la tarta, derretir en el horno microondas el chocolate con mucho cuidado para que no se queme. Meterlo en el vaso de un procesador con cuchillas y añadir el resto de ingredientes, las galletas, la mantequilla, los cacahuetes y un pellizco de sal. Accionar la máxima potencia y triturarlo hasta obtener una arenilla húmeda. Extender esta mezcla en el fondo de un molde de tarta desmontable, aplastando y compactando la masa con la palma de la mano. Una vez bien estirada la base de la tarta, meterla en la nevera 30 minutos.

Precalentar el horno a 170 °C.

Para hacer el relleno, triturar en el mismo procesador el queso, la nata, los huevos, las yemas, el azúcar y la mantequilla de cacahuete, convirtiéndolo todo en una crema untuosa. Verterla sobre la base de galleta reservada en la nevera y hornear 40 minutos.

Una vez sacada la tarta del horno, hacer la cobertura. Derretir todos los ingredientes de la cobertura en un cazo a fuego muy suave. Verter esta mezcla sobre la superficie de la tarta y meterla 10 minutos más en el horno.

Pasado este tiempo, retirarla y dejarla enfriar a temperatura ambiente.

Listo.

TORRIJAS
DE ROSCÓN

1 roscón de reyes

Para el remojo
5 huevos
500 ml de leche
500 ml de nata

Para la crema de almendras
100 g de crema pastelera
80 g de mantequilla en pomada
1 huevo
80 g de almendra molida
80 g de azúcar glas
1 cucharada de ron

Para la crema escarchada
75 ml de nata para montar
1 cucharada de azúcar
2 cucharadas de fruta escarchada picada

Además
mantequilla fría en dados
azúcar

Batir los ingredientes del remojo y meterlos en un recipiente estrecho.

Retirar las frutas escarchadas del roscón y trocearlo en rebanadas gruesas. Sumergir las rebanadas en el remojo y dejarlas empapar al menos 6 horas en la nevera.

Picar las frutas escarchadas retiradas.

Entibiar la crema pastelera en el microondas y añadirle todos los ingredientes de la crema de almendras, removiendo con unas varillas, dejar enfriar completamente.

Para la crema escarchada, montar la nata en un bol frío con ayuda de unas varillas hasta obtener una nata montada o crema chantillí, añadir el azúcar y las frutas escarchadas picadas. Enfriar la crema escarchada en la nevera.

Finalmente, pasar las torrijas escurridas por azúcar, por las dos caras. Poner una sartén al fuego con mantequilla y dorar las torrijas por sus dos caras, tostándolas perfectamente sin que se quemen. Escurrirlas y untarlas con abundante crema de almendras en su parte superior. Espolvorearlas con azúcar y caramelizarlas con ayuda de un quemador eléctrico o una pala incandescente.

Servirlas con la crema escarchada bien fría.

Listo.

TRENZA INTEGRAL

Para la masa

225 g de harina de fuerza

50 g de harina integral

80 ml de leche

1 huevo

15 g de miel

10 g de azúcar moreno

25 g de mantequilla

15 g de nueces molidas finamente

12 g de levadura

3 g de sal

Para el relleno

15 g de nueces

40 g de higos secos

40 g de mantequilla

30 g de miel

Para la glasa

50 ml de agua

100 g de azúcar

1 cucharada de zumo de limón

TRENZA
INTEGRAL

Mezclar todos los ingredientes de la masa, quedará un poco pegajosa.

Podemos hacerlo a mano, sobre la mesa o en el bol de una amasadora.

Dejar reposar 10 minutos y amasar hasta que esté homogénea durante 5 u 8 minutos más.

Dejarla fermentar cubierta con un paño durante 1 hora, en un lugar templado.

Estirarla con las manos sobre la encimera, hasta obtener un rectángulo de 50 x 25 cm.

Mezclar los ingredientes del relleno y distribuirlos uniformemente sobre el rectángulo de masa.

Enrollar la masa sobre sí misma, cortar el cilindro en dos a lo largo y trenzar las dos porciones de masa.

Dejarla fermentar cerca de 3 horas, hasta que la trenza esponje.

Precalentar el horno a 180–200 ºC.

Si observamos que la masa está aún muy tiesa, dejamos que fermente un poco más de tiempo.

Cocer la trenza sobre papel de horno en una bandeja caliente por espacio de 30 minutos aproximadamente, con el horno encendido arriba y abajo con ventilador.

Preparar la glasa mientras se cuece la trenza, hervir los ingredientes en un cazo pequeño y pincelar la trenza con la glasa en cuanto la saquemos del horno.

Listo.

VASOS DE YOGUR Y PLÁTANO

3 plátanos maduros
1 lima
un pedazo hermoso de
 bizcocho de mantequilla
500 ml de yogur batido
4 cucharadas de muesli
un pedazo de chocolate
 negro 70 %

Cortar sobre la tabla los plátanos pelados en dados y meterlos en un bol.

Aliñarlos con la ralladura de la lima y su zumo y remover.

Partir el bizcocho en dados de 1 x 1 cm.

Rellenar los tarros de cristal hasta la mitad con el yogur batido.

Colocar una capa gruesa de plátano aliñado, aplastando bien con la cuchara.

Por encima, colocar los dados de bizcocho, que se pueden mojar con algún licor, si se desea.

Finalmente, acabar espolvoreando el muesli y rallar el chocolate por encima generosamente.

Listo.

Es bien cierto que este libro va destinado a cocinar bien, pero son muchos los elementos que se deben tener en cuenta para que todo luzca en la mesa. Tan importante como seleccionar los mejores productos y guisarlos con precisión es presentarlos luego a los invitados, en su justa medida y en un entorno cuidado y bien resuelto. La elección de las bebidas es un asunto esencial y que lo caliente se sirva caliente y lo frío, frío no es asunto baladí. Pocas cosas predisponen más al disfrute que un aperitivo distinguido: refresca la boca, alumbra el apetito y es una declaración de intenciones de lo que ocurrirá en la mesa. ¡Salud!

BEBIDAS

BLOODY MARY CHICANO

4 tomates muy maduros
un chorrito de zumo de lima
una pizca de sal de apio
una pizca de pimienta
  molida
una pizca de salsa
  Worcestershire
una pizca de salsa de chile
  habanero
un chorrito de kétchup
un chorrito de mezcal
4 cubitos de hielo
una pizca de angostura
1 rama de apio

Trocear el tomate y pasarlo por la licuadora. Reservar el zumo.

En una coctelera, meter los cubitos de hielo con el resto de ingredientes y el zumo de tomate, agitar.

Servir el Bloody Mary en un vaso helado con unas gotas de angostura.

Listo.

CÓCTEL CUESTA ARRIBA

1 cucharada sopera de sirope de melocotón

50 ml de zumo de naranja natural

50 ml de licor de melocotón champán frío

Antes de elaborar el cóctel, enfriar el vaso mezclador un rato en el congelador. Si no tuvimos la previsión de hacerlo, rellenar el vaso de cubitos de hielo hasta el borde y menearlos unos minutos con la cuchara para que las paredes del recipiente se hielen.

Después, inclinar ligeramente el vaso y verter el agua derretida que haya podido quedarse acumulada en el fondo, manteniendo el hielo y añadiendo algunos más. Verter sobre el hielo el sirope, el zumo y el licor, dando vueltas rápidas para que se enfríen bien.

Rellenar cuidadosamente con el champán muy frío, teniendo la precaución de que no se desborde.

Listo.

TRAGO DISTINGUIDO

1 cucharada sopera de limoncello
unas gotas de angostura
champán frío

Es muy importante que las copas estén bien frías antes de elaborar este trago. Para conseguirlo, meterlas en el congelador un rato antes de prepararlo o, en su defecto, sumergirlas en una cubitera con abundante hielo picado y agua.

Una vez que esté el cristal frío y bien empañado, las sacamos de la cubitera (y las escurrimos) o del congelador, y estaremos listos para empezar. En cada una de las copas, verter el limoncello bien frío y finalizar con unas gotas de angostura para añadirle un toque muy perfumado al trago.

El champán también tiene que estar helado, así que previamente lo sumergimos en una cubitera. Descorchamos y rellenamos cada copa hasta los tres cuartos de altura. Si queremos completar el trago, hacer con un acanalador tiras finas de piel de limón natural y sumergirlas.

Otros prefieren hacer un «twist» de limón y perfumar antes la boca de la copa. Cualquier opción es perfecta.

Listo.

Muchos chavales de mi generación somos gente de barrio criada en la calle, y en mi caso particular, en la parte vieja donostiarra, que es una explosión de gastronomía única en el mundo. El bocadillo es una seña de identidad española que fascina a todos los públicos, porque resume en muy pocos mordiscos nuestra manera de ser y de vivir. Desde la clásica chacina hasta la tortilla, el revuelto, el tomate refregado con jamón o los calamares crujientes, muchas de nuestras tapas y pinchos más celebrados tienen cabida entre pan y pan, remojados con alioli o salsa mayonesa, ¡qué delicia! Ojalá esta pequeña selección sirva para abrir boca y represente con soltura esa peculiar forma que tenemos de comer golosinas metidas dentro de un bollo.

BOCADILLOS

BOCATA BODEGA DONOSTIARRA

1 bollo de pan hermoso abierto en dos

1 lata pequeña de ventresca de atún en aceite

6 anchoas en salazón, escurridas

8 guindillas medianas encurtidas, sin el tallo

aceite de oliva

mayonesa

Rociar el bollo de pan con aceite de oliva y untarlo con mayonesa.

Colocarle encima la ventresca suelta en lascas, las anchoas y las guindillas bien repartidas, a las que habremos tenido la precaución de retirarles el tallo.

Cerrar el bocata y listo.

BOCATA DE FILETE CON AJOS

1 **bollo de pan**
1 **tomate de colgar**
2 **filetes de cadera de ternera tiernos y finos**
2 **dientes de ajo fileteados**
1 **huevo**

Abrir el pan en dos y tostarlo en una sartén caliente.

Sacar las dos mitades de pan y pringarlas de tomate y aceite.

En la sartén, verter aceite de oliva y poner los dientes de ajo fileteados, dorarlos.

Colocar los ajos fritos sobre una mitad del pan.

En la misma sartén, cuajar el huevo batido y partir la tortilla en dos, colocar una mitad sobre el pan.

Subir el fuego, añadir aceite, freír los filetes vuelta y vuelta y colocarlos sobre el pan, sazonarlos.

Apoyar la otra mitad de bollo sobre el jugo de la sartén, darle unas vueltas y cerrar el bocata.

Listo.

HAMBURGUESA CON CHAMPIÑONES Y HUEVO

50 g de mantequilla

zumo de 1 limón

100 ml de agua

500 g de champiñón laminado fino

2 huevos

6 cucharadas de vinagre de sidra

1 cucharada de mostaza tipo Dijon

60 g de queso fresco

150 ml de aceite de oliva

2 hamburguesas de vaca

2 panecillos de hamburguesa tiernos, abiertos en dos

En una cazuela, fundir la mantequilla, añadir el zumo de limón, el agua y salpimentar.

Añadir los champiñones laminados y removerlos durante 5 minutos.

Mientras, poner agua a hervir para escalfar los huevos.

En el momento en que levante el hervor, añadir el vinagre y moderar el fuego para que el burbujeo sea suave.

HAMBURGUESA CON CHAMPIÑONES Y HUEVO

Con una cuchara, hacer un remolino en el agua, cascar los huevos y sumergirlos en medio del remolino, para que el movimiento circular del agua recoja las claras alrededor de las yemas.

Pasados un par de minutos, escurrir los huevos y sumergirlos en un baño de agua tibia salada, para que no se enfríen.

Escurrir los champiñones y poner el jugo de cocción en el vaso de una batidora con la mostaza y el queso fresco, incorporar poco a poco el aceite y batir a la máxima potencia.

Al batir, emulsionará como una mayonesa, salpimentar.

Verter esta crema sobre los champiñones escurridos y calentarlos suavemente, como si fuera un sabayón.

Hacer las hamburguesas en una sartén antiadherente con una pizca de aceite de oliva, vuelta y vuelta para que queden jugosas.

Colocar las hamburguesas sobre los panecillos, cubrirlas con los champiñones cremosos y los huevos escalfados.

Cerrar los panecillos.

Listo.

HAMBURGUESA GARMENDIA

Salsa brava

1 chalota picada
3 chiles frescos
1 bote de pimientos del piquillo
100 ml de salsa de tomate
1 cucharada de vinagre de sidra

Salsa césar

1 huevo
1 yema de huevo
1 diente de ajo
1 cucharada de vinagre de Jerez
250 ml de aceite de oliva
80 ml de nata líquida
8 anchoas en salazón picadas
120 g de queso parmesano rallado
1 cucharadita de salsa Worcestershire
1 cucharadita de salsa picante

2 panes de hamburguesa o molletes pequeños
2 hamburguesas de vaca
6 rodajas muy finas de tomate
hojas de menta
hojas de cilantro fresco
1 cebolla roja picada
1 lima

HAMBURGUESA GARMENDIA

Para la salsa brava

Sofreír la chalota y los chiles también picados con una pizca de aceite de oliva y sal.

Mientras, picar los pimientos del piquillo con ayuda de un cuchillo afilado.

Añadir los piquillos al sofrito y remover con una cuchara de madera, incorporar el tomate y el vinagre.

Guisar durante 20 minutos y pasar por un túrmix para conseguir una salsa bien fina.

Para la salsa césar

Colocar en el vaso de una batidora el huevo, la yema, el ajo, el vinagre y salpimentar generosamente.

Accionar a la máxima potencia y añadir en hilo el aceite de oliva para montar una salsa mayonesa.

Una vez lista, incorporar el resto de ingredientes y volver a triturar.

Rectificar la sazón.

Para terminar, tostar los panecillos en una sartén, por su cara blanca.

Hacer las hamburguesas vuelta y vuelta en una sartén antiadherente con una pizca de aceite de oliva, dejándolas bien jugosas.

Untar la salsa brava sobre la base del pan y colocar la carne recién hecha encima.

Pringar la carne por encima con la salsa césar y cubrir con las rodajas de tomate.

Espolvorear con el cilantro fresco, la menta y la cebolla picada.

Pimentar generosamente y exprimir la lima por encima para que empape toda la hamburguesa.

Cerrar los panecillos.

Listo.

PERRITO DE GAMBAS

3 cucharadas de queso
    fresco
150 ml de salsa mayonesa
una pizca de mostaza
1 rama de apio bien picada
una pizca de kétchup
1 cucharada de salsa
    inglesa
1 ramita de estragón
una pizca de brandy
una pizca de tabasco
1 limón
una pizca de miel
500 g de gambas cocidas
    peladas
cebollino picado
4 panecillos tiernos tipo
    «perrito»
una pizca de mantequilla

En un bol, mezclar el queso, la mayonesa, la mostaza, el apio, el kétchup, la salsa inglesa, el estragón, el brandy, el tabasco, el zumo y la ralladura de limón, la miel y salpimentar, mezclar generosamente.

Trocear las gambas en pedazos menudos y añadirlas a la salsa preparada con anterioridad, añadir el cebollino picado.

Mezclar de nuevo y refrescar la mezcla.

Sobre la tabla, rebanar los panecillos y abrirlos en libro, eliminando si se desea el exceso de miga.

En una sartén a fuego suave con una pizca de mantequilla, dorar los panecillos por sus dos partes planas, para que se forme una costra dorada y apetecible.

Rellenarlos con la mezcla elaborada anteriormente.

Listo.

Acompañar con patatas fritas crujientes.

SÁNDWICH DE SALMÓN Y MAYONESA DE WASABI

2 rebanadas de pan
  integral
300 g de salmón ahumado
30 g de pasta de wasabi
90 ml de salsa mayonesa
250 g de manzana verde
zumo de limón
225 g de bulbo de hinojo
3 pepinillos encurtidos
un puñado de hojas de
  cilantro
medio puñado de hojas
  de menta
un puñado de hojas de
  perejil
aceite de oliva virgen extra

Mezclar la pasta de wasabi, en un bol, con la mayonesa hasta que quede homogéneo.

Cortar la manzana con piel en dados de 5 mm, colocarla en un bol y agregarle unas gotas de zumo de limón para que no se oxide.

Laminar el hinojo bien fino con la mandolina y reservarlo sumergido en un bol con abundante agua y cubitos de hielo, para que se rice.

Cortar los pepinillos en láminas finas también con ayuda de una mandolina.

Lavar y escurrir las hojas de perejil, cilantro y menta.

Cortar el pan en rebanadas de medio centímetro y tostarlas en una sartén con una gota de aceite de oliva virgen extra.

En cada rebanada de pan untar generosamente la mayonesa de wasabi y esparcir unos dados de manzana por encima.

Luego colocar el pepinillo laminado y el salmón ahumado e intercalar las hojas de cilantro, perejil y menta.

Terminar con unos puntos de mayonesa de wasabi y el hinojo laminado bien escurrido y seco.

Tapar con la otra rebanada de pan.

Listo.

TOSTADA DE QUESO Y JAMÓN IBÉRICO

2 yemas de huevo

100 ml de nata líquida

1 cucharada de mostaza

100 g de queso comté rallado

2 molletes grandes partidos en dos

8 cucharadas de cebolla pochada y escurrida

6 lonchas grandes de jamón ibérico

Encender el gratinador del horno.

Batir las yemas con la nata, la mostaza, el queso y salpimentar.

Tostar las mitades de los molletes en el horno.

Sacarlas, colocarlas en una bandeja y extender la cebolla pochada sobre cada una de ellas.

Entonces, cubrirlas con la crema de queso recién hecha y volver a meterlas en el horno para que hagan una costra exterior dorada y apetitosa.

Justo antes de servir, colocar sobre las tostadas el jamón ibérico, que se fundirá ligeramente en contacto con el calor de la tostada, ofreciendo un aspecto bien apetitoso.

Listo.

ÍNDICES

ÍNDICE
DE RECETAS

SOPAS, CALDOS Y CREMAS

VERDURAS, ARROZ Y GUARNICIONES

ÍNDICE
DE RECETAS

CARNES

ÍNDICE
DE RECETAS

ÍNDICE DE INGREDIENTES